第56号教室的奇迹2

点燃孩子的热情

[美]雷夫·艾斯奎斯 著
朱衣 译

LIGHTING
THEIR FIRES
RAISING EXTRAORDINARY CHILDREN IN A MIXED-UP
MUDDLED-UP,SHOOK-UP WORLD

光明日报出版社

图书在版编目（CIP）数据

第 56 号教室的奇迹.2 /（美）艾斯奎斯著；朱衣译
. -- 北京：光明日报出版社, 2015.9(2019.3重印)
ISBN 978-7-5112-8968-1

Ⅰ.①第… Ⅱ.①艾… ②朱… Ⅲ.①小学教育－研
究 Ⅳ.① G62

中国版本图书馆 CIP 数据核字 (2015) 第 183888 号

版权登记号：01-2015-5582

译本授权：英属维尔京群岛商高宝国际有限公司台湾分公司

第 56 号教室的奇迹 2
DI 56HAO JIAOSHI DE QIJI 2

著　　者：〔美〕雷夫·艾斯奎斯		译　　者：朱　衣		

策　　划：双螺旋文化
责任编辑：黄海龙 许 怡　　　　　　责任校对：傅泉泽
特约编辑：唐　浒 杨亚妮　　　　　　责任印制：曹　诤
封面设计：蒋宏工作室　　　　　　　　特约技术编辑：张雅琴 黄鲁西

出版发行：光明日报出版社
地　　址：北京市西城区永安路106号，100050
电　　话：010-67078248（咨询），63131930（邮购）
　　　　　010-63497501，63370061（团购）
传　　真：010-67078227，67078255
网　　址：http://book.gmw.cn
邮　　箱：gmcbs@gmw.cn
法律顾问：北京德恒律师事务所龚柳方律师

印　　刷：固安县云鼎印刷有限公司
装　　订：固安县云鼎印刷有限公司
本书如有破损、缺页、装订错误，请与本社联系调换

开　　本：145mm×210mm
字　　数：150 千字　　　　　　　　印　　张：6.5
版　　次：2015 年 10 月第 1 版　　　印　　次：2019 年 3 月第 6 次印刷
书　　号：ISBN 978-7-5112-8968-1
定　　价：29.80元

全国各中小学组织学习讨论56号教室

湖南省株洲市南方中学

杭州西湖教育局2010年暑期师德专题培训活动

安徽霍邱陈郢初中举行研讨活动

内蒙鄂尔多斯市东胜区一小读书交流会　　　奉化市实验小学红树林读书会

杭州德胜小学

牡丹江绥芬河第二中学

目 录

联合推荐 / I

推荐序　像莎士比亚写诗那样去做老师　李希贵 / VI

致中国读者序 / IX

◎赛前秀　卓越超群 / 1

◎第一局　准备就是一切 / 10

利用周末教导时间的管理 …………………………………（13）

给课堂上的老师们 ……………………………………………（15）

第一局中场 ……………………………………………………（16）

转变中的迷失 …………………………………………………（18）

第一的底线 ……………………………………………………（18）

更宽广的视野 …………………………………………………（19）

更辽阔的远景 …………………………………………………（21）

书包 ……………………………………………………………（23）

适时的阅读 ……………………………………………………（25）

为好莱坞喝彩 …………………………………………………（27）

假如音乐是爱的食物,玩吧 …………………………………（29）

世界舞台 ·· （30）

第一局结束 ·· （32）

◉第二局　看球 / 36

第二局中场 ·· （43）

书包里的专注 ·· （45）

第二局结束 ·· （57）

◉第三局　高瞻远瞩 / 59

第三局中场 ·· （65）

第三局下半场 ·· （66）

高瞻远瞩 ·· （70）

让孩子远离电视 ······································ （71）

第三局结束 ·· （75）

◉第四局　十字路口 / 78

琳达与艾森豪威尔总统 ································ （81）

第四局中场 ·· （83）

第四局下半场 ·· （85）

稀有旅途的书包 ······································ （87）

第四局结束 ·· （96）

◉第五局　像莎士比亚写诗那样扫街 / 97

第五局上半场 ·· （97）

通往伟大之路 ·· （101）

第五局中场 ·· （104）

第五局下半场 ·· （105）

权利与特权 ·· （105）

在书包里带着米开朗基罗与莎士比亚 ············ （108）

第五局结束 ······································· （115）

⊙第六局　彗星美人 / 117

始终如一 ··· （119）

英俊、聪颖与毫无价值 ·························· （120）

第六局中场 ······································· （122）

第六局下半场 ···································· （123）

昆虫专家 ··· （123）

自私式仁慈的矛盾之处 ·························· （125）

自私令人心寒 ···································· （126）

仁慈的书包 ······································· （127）

第六局结束 ······································· （133）

⊙第七局　比天还高 / 135

第七局上半场 ···································· （135）

第七局的串场时间 ······························· （141）

第七局下半场 ···································· （144）

谦逊的书包 ······································· （145）

第七局结束 ······································· （151）

⊙第八局　眼花缭乱的学校 / 153

在乎差距 ··· （154）

单一尺度无法适合所有学生 ···················· （156）

第八局中场 ······································· （157）

第八局下半场 ···································· （159）

眼见不一定为实 ·································· （159）

再次踏上旅途……但不要太快 ……………………………………（160）

谎言、大谎言与大学 …………………………………………………（162）

先做侦探福尔摩斯，再装书包……………………………………（163）

第八局结束 ……………………………………………………………（167）

◎第九局　长期备战 / 170

第九局上半场 …………………………………………………………（170）

创造获得两个棉花糖的孩子 ………………………………………（172）

第九局中场 ……………………………………………………………（173）

第九局下半场 …………………………………………………………（173）

在书包里的棉花糖……………………………………………………（174）

球赛结束 ………………………………………………………………（179）

◎赛后秀　扔海星 / 181

◎附录　雷夫老师的推荐书单 / 185

　　　　雷夫老师推荐影片 / 188

联合推荐

◎ 与雷夫老师面对面，了解真实的美国基础教育，领略**"全美最好老师"**的教育精神和一线教育智慧。

——北京人民广播电台《教育面对面》主持人　宏玖

◎ ……接下来又看到全部书稿，(我)被打动了。

读《第56号教室的奇迹》是一个充满惊讶和感动的过程……尽管他是站在教师的角色上来写这本书的，但他不是那种把学校教育和家庭教育割裂开谈的人，他用他的文字处处提示家庭教育与学校教育的不可分割性。所以**我认为这本书也非常适合家长读，让第56号教室的根基延伸进你的家中**。"第56号教室"作为一个具有象征意义的符码，应该得到传播。

——畅销书《好妈妈胜过好老师》作者　尹建莉

◎ 他的目标十分激励人心；他的教学非常实际，书中大部分章节是关于如何教育他超级活跃的学生的，非常有行动力；他也提供了面对不可避免的考试的准备诀窍。

——《出版人周刊》

◎ 如果你能提炼出雷夫·艾斯奎斯老师的精华，把它装在瓶子里卖给渴望得到优秀教师的学区，你绝对会成为百万富翁。

——《达拉斯早报》：教师帮助五年级学生找到一条远离贫街陋巷的道路

I

◎ 我们常把"用心"只是理解为态度专注与否，并以此评判一个人事业上的得失。而雷夫老师创造的一个个奇迹却不断告诉我们：**有热情和态度还不够，还要运用智慧，乃至一个小小的鬼点子！巧妙地做，坚持不懈地做，才会充满力量，令人叹服。对于充满着教育理想和激情的老师或家长来说，怎样教育孩子才算用心，才能创造奇迹？**请从雷夫老师的第 56 号教室开始吧！

——儿童学习与指导专家，畅销书《作业的革命》作者　刘春生

◎ 如果你看一下，你会发现这个教室的关键在于它没有讲台。艾斯奎斯说："讲台是用来坐的，而给我薪水，不是让我在这里坐的。"他是个艺术大师，52 岁了，还处于兴奋状态。他的使命就是确保他的贫民区学生们不但不落后于他人，还能一路高歌猛进。

——哥伦比亚广播公司：鼓励学生热爱阅读的老师

◎ 为了课堂纪律，为了应试教育，许多老师使用的是立"下马威"，并佐之以"小红花"的激励，"逻辑后果"的制约等措施。其实在无形中降低了孩子的水准。许多家长苦恼于孩子不肯主动学习，他们在挖空心思地想怎样又"拉"又"打"，能促使和逼迫孩子自觉地学习，以应对那无穷的考试。

现在答案就摆在了眼前，《第 56 号教室的奇迹》讲到了品格教育的六个阶段。原来**基于信任，激发孩子对自身的高要求才是根本！**是我们父母、老师由于没有认识到教育的根本，反而阻碍了孩子的发展，要知道孩子原本就是可以做到的！

雷夫·艾斯奎斯真不愧为美国最优秀的老师。**他从教 25 年，真的领会到了教育的真谛，而且致力于全方位全学科高质量地提供给孩子给养，简直太棒了！**而且难能可贵的是，他还提供了具体实施方法和事例，指导你该怎样看待这些问题。值得所有家长和老师借鉴和学习。

——浩途家长俱乐部推荐

◎ **雷夫·艾斯奎斯是美国最有趣、最有影响力的教师，**但他并未得到

应得的所有荣誉。当然，他也不会在乎那些。在洛杉矶霍伯特小学，第56号教室里的五年级学生所上的最重要的课程之一就是谦逊，艾斯奎斯相信**"角色榜样"是教师们要做的最重要的事之一**。……如果每个教师都像艾斯奎斯那样既有技巧又精力充沛的话，我们就不再需要标准化测试了。他学生的阅读和数学考试成绩远在霍伯特平均分之上。

——《华盛顿邮报》：全美最好的老师

◉ 第56号教室因雷夫·艾斯奎斯的工作变得充满生机与活力，孩子们因为有了这样的老师而学会了遵守规则、为他人着想、自我计划、自我教育。而这一切的获得并非教师最初的目标，他也是在不断的实践反思后才渐渐明白教育的真谛是什么，当我们越是想让孩子们达到我们设定的目标时，我们往往离目标越远。所以**作为教师有时要回到教育的起点，真正走进孩子的心灵，走进孩子的世界才能够真正找到教育孩子的方法。**

雷夫·艾斯奎斯在培养孩子品质的六阶段中细致地描写了每一阶段的目标、做法、结果，同时也不断地提出"我们还可以做得更好"。就是在这种信念的支持下，雷夫·艾斯奎斯老师带着自己的学生走到了第六阶段。当我们读完了这六个阶段就会给自己一个新的目标，并且确信自己的学生也可以做得这么好，因为我们都有一个教室，在这个教室里每天都在上演着不同的故事，如果我们能够像雷夫·艾斯奎斯老师一样细心观察，从爱每一个孩子出发，那么我们也会有自己不一样的教室，就让我们从阅读《第56号教室的奇迹》开始，让我们的教室变成孩子们心中向往的地方。

——教育期刊《班主任》主编 佟德

◉ 他的学生已经达到了传统教育的顶点并取得了巨大成功，在数学、哲学和莎士比亚戏剧方面的优秀表现为他们赢得了名校的通行证。

——NPR（美国国家公共电台）

◉ 艾斯奎斯宣扬努力付出的价值、诚实的自我反省，以及追寻自我道路的勇气;雷夫是当代的梭罗。

——《每日新闻》

◎ **雷夫是天才与圣徒**,更是教育体系应该起而效仿的对象。和这位老师一年的相处,改变了这些孩子的一生。

——《纽约时报》

◎ 那些整天争论"如何教育弱势学生"的政客们,最好在雷夫·艾斯奎斯的五年级学生们表演莎士比亚戏剧的时候停下争吵吧。听听那些从教室里传来的响亮的笑声和鼓掌声吧,难道你还觉得这是个苦差事?

——《时代周刊》

◎ 刚开始看到《第56号教室的奇迹》的故事,感觉更像一个童话,也许正因为是在平凡中所诞生的奇迹,才令人倍加感动。雷夫·艾斯奎斯为他的学生们在贫民窟的教室里营造了一个快乐的天堂,而他用爱心和智慧所浇灌出的,必定是不平凡的结果。**很棒的书,值得每一位关心孩子成长的父母和每一位教育同行用心阅读。**

——腾讯网教育频道主编 潘鸿雁

◎ 艾斯奎斯是惟一一位获得总统"国家艺术奖章"的教师,同时他还获得诸多其他奖项,包括"全美最佳教师奖"以及欧普拉的"善待生命奖"等。

艾斯奎斯的书是焦虑的同行和父母们的精神明灯。最重要的一点是,通过美国最优秀教师之一的思想旅程,**这本书展示了一次伟大的教育旅行,其中闪烁着"三省其身"的智慧。**

——《西雅图邮报》:不仅只看课堂教学的获奖者

◎ 《第56号教室的奇迹》让我们看到了对孩子爱的力量是多么强大,这才是不断创造奇迹的根源。雷夫老师感动了美国社会,相信雷夫老师也将感动更多的中国家长和老师。

——新浪网亲子频道主编　艾樱

◎ 雷夫老师的出现意义深远,他让千千万万抱怨教育的老师看到了一种不可思议的可能性,**即使我们无法像雷夫这样疯狂,至少我们知道,教育蕴含着无限可能。**

——新教育实验教师专业阅读项目组

◎ 我仔细阅读了这本书的部分章节,感触很深,并很愿意为此书做推荐。

雷夫·艾斯奎斯和他的第 56 号教室,确实是无数父母向往的教师和教育圣地。这位令人敬佩的美国教师,用超凡的勤奋和卓越的教育才能,解答了他在教师职业发展过程中的探索与思考。虽然国情不同、文化背景各异,但我们仍能从书中发现中美教育面临的许多相似之处。了解这些相似之处,或许有助于我们更清醒地认识到,**教师职业的确是一项非常特殊的职业,选择这项职业,意味着教师的众多放弃和倾其精力的奉献。当然,其所收获的成就感也是其他任何职业所无法达到的。**

——中国教育报《读书周刊》主编　郜云雁

像莎士比亚写诗那样去做老师

李希贵[*]

　　教育无小事,这是人们普遍认可的;教育也没有多少大事,这也是被我们一天天的教育生活所证明了的。但是,单调、平板、重复的学校生活,常常让我们忽略了这些天天发生在身边的小事,当遇到所谓有可能影响孩子们终身发展的大事再试图殚精竭虑的时候,却发现为时已晚。因为,天天发生着的小事已铸就了孩子们的魂魄,已非一时一事可以撼动。

　　很敬佩这位雷夫·艾斯奎斯老师,他把所有教室内外遇到的一切和他所创造的一切都演绎为平凡而又动人的教育故事,在平凡简单里,让我们看到了孩子们复杂而又丰富的精神世界;在单调重复中,让我们领略到雷夫山重水复、多姿

---

　　[*] 李希贵:当代教育家,北京市十一学校校长,《为了自由呼吸的教育》和《学生第二》的作者。

多彩的教育艺术。其实，生活就是如此，教育当然也如此
而已。

　　假如你命该扫街，

　　就扫得有模有样，

　　一如米开朗基罗在画画，

　　一如莎士比亚在写诗，

　　一如贝多芬在作曲。

　　这是马丁·路德·金在他那激动人心的演讲中反复引
述的一首无名诗，也是作者雷夫·艾斯奎斯老师的最爱。在
全书中，作者以一场棒球赛为线索，向我们展现了他在 56 号
教室之外的教育风范，他从关注着孩子们言谈举止、喜怒哀
乐的点点滴滴，塑造着孩子们莎士比亚写诗一样的人生态
度。在这充斥着诱人的快捷方式与一夜成名的故事的世界
里，脚踏实地往往不是年轻人的期盼，但在雷夫的身边，孩子
们的这种期盼却显得如此自然。

　　读这本书需要耐心，因为全书写的全是作者的耐心，而
这正是教育的起点，也是教育的基本功；读这本书还需要智
慧，因为，本书的构成元素基本就是平淡，如果没有教育的智
慧，所有的教育机会都有可能悄悄溜走；读这本书当然需要
境界，不然的话，我们就很难理解雷夫这样一位老师，他把自
己的所有一切，几乎全部都奉献给了孩子，在西方那个通常

被我们误读的社会里，竟然也会生活着如此的老师。

像莎士比亚写诗那样去扫街、去教学、去带孩子们看球赛、去带孩子们旅行……于是，他的莎士比亚式态度造就了一群小莎士比亚。这正是雷夫的成功，也是教育的成功。

读到书的最后一页，我突然发现，读这本书，其实可以认为是对读者的一个测试，如果我们缺乏耐心、智慧和境界，我们是很难顺利完成这个阅读的。于是，我们也可以断定，任何一个从事着太阳底下最光辉的职业的读者，如果连阅读这样一本书的耐心都不具备，那么他就很难在这个职业中做得精彩。

致中国读者序

亲爱的中国朋友：

现在是洛杉矶星期天的深夜，我准备好明天早起，前往56号教室。我已经在那儿工作了25年之久。

很幸运，我曾和来自世界各地成千上万的家长与老师交谈过，我可以说自己是全世界最幸运的一位教师。虽然我和这些老师、家长讨论（甚至可以说是争执）的观点各有分歧，但是我认为我们有许多相似之处。

我有四个孩子，对我来说，教养孩子变得愈来愈困难，甚至可以说是全世界最艰难的一项工作。我们的世界瞬息万变，每天都会诞生一些最新科技想要"改善"我们的生活。在我们努力与世界接轨的同时，似乎已经将"能让孩子快乐与成功的重要元素"抛弃掉了。这也是为什么我会写《第56号教室的奇迹2：点燃孩子的热情》这本书的缘由。

我并不想假装已经找到所有的答案。但是我明白养育卓越杰出的孩子确实费时耗日。计算机、电影、电视所提供的解决方案就是把开关打开，但这并非正解。**养育一个有荣誉感的孩子是一生的事业，因为有你，他们才能长大成为一**

个有价值的人。

这也是为什么本书以一个晚上的场景为主题。那天晚上并没有发生什么大不了的事，结束后孩子也没有在下车时对我说："感谢您改变了我的一生。谢谢您教导我一生受用无穷的价值观。"因为真实的人生并非如此。

但是，我们可以埋下种子。做父母的人首先要成为我们期望孩子将来成为的那种人。孩子总是在观望父母的行为，我们要以身作则，而非空口说白话。**我要学生诚实、友善、勤奋努力，那意味着我要先做到学生眼中最诚实、友善、勤奋努力的人，而且必须长此以往，无怨无悔。**

有时候，孩子会叛逆、不受教，但请不要就此放弃。我们一定要知道，**如果你想要在庸庸碌碌的世界养育卓越非凡的孩子，就要有耐心，永远以身作则，身先士卒。那样，优秀的品质才能在他们的性格与灵魂中扎根。**我有多次的亲身体验。许多人会来参观我的教室，我也收到许多以前教过的年轻人寄来的信件。多年前我埋下的种子，如今已生根发芽，成为绽放的奇花异卉。

每一天都事关紧要。你的孩子十分重要，希望你能成为你期许孩子变成的那种人。我很感激你愿意与我分享我的信念。

雷夫·艾斯奎斯
洛杉矶
二〇一〇年二月

赛前秀

卓越超群

在洛杉矶的霍伯特小学,5月的一个星期五下午5点,许多有牺牲奉献精神的教师与行政人员仍在校园里忙碌。我希望能暂时离开,因为我极度疲惫。那真是很漫长的一个星期。事实上,是很漫长的一年。

然而,这个星期五,即便是漫漫长夜,我也能勇敢面对。几个月前,我和洛杉矶一个学校的一些杰出教师谈过,其中一位是洛杉矶道奇棒球队经理的朋友。听说我喜爱棒球,她便打电话给那位经理,请他安排入场券。这位经理很慷慨地提供一年当中几场比赛的票,每场比赛我们班级可以得到六张入场券。这样,每场球赛我可以带五个孩子去观看。我们从帽子里抽出名字后,订下行程,确定这些孩子都能出席观看球赛。所以,这个星期五晚上,五位学生和我去观看他们生平的第一场棒球赛。

通常在星期六早上,我会指导一群充满热忱的青少年,他们是我以前的学生,回来准备大专入学考试与研读莎士比亚的戏剧。这些莘莘学子或许比我更疲惫,他们牺牲了星期

1

六早上的时间再度回到 56 号教室。其中有许多学生渴望获得他们目前的学校未能提供的教育。但是，这是国殇日（阵亡将士纪念日）周末前的星期五，所以我放他们（和我自己）星期六一天假。我真的精疲力竭，但是我安慰自己，球赛结束后就能回家睡个好觉了。

在我的教室外面，可以看到扭曲的停车场大门挣扎着保持敞开的状态。这五公尺高的篱笆有着两扇门，可以直接开关，也可用一把大型挂锁和链子拴起来。很遗憾我们需要这古怪的装置，因为学校处在一个治安混乱的小区，而维持学生与资源安全是当务之急。最糟的是大家都很清楚知道这个屏障亟须修理。多年来，它被车子、攀登者和雨水损坏，两扇摇曳的门在该开着的时候无法维持开着，而当校门该关上时又很难关上。正如同他们所看管的场所，在艰苦卓绝的环境下这两扇门已经尽力了。

然而，里面的环境似乎是个截然不同的世界。这个星期五，如同所有的星期五下午一样，一群杰出的四年级与五年级生和我在 56 号教室待到很晚。他们是霍伯特莎士比亚小组的部分组员，一直在研讨威廉·莎士比亚的完整作品《皆大欢喜》（As You Like It）。去年夏天，7 月和 8 月，这些孩子自愿到学校细心研究莎剧中难懂的语言，学习伴奏的乐器，为了达到他们自己与周遭人们所预期的目标而团结在一起。经过 11 个月的预演，这些孩子已准备好公开演出这个作品。他们知道自己的表演很出色。几个月前，皇家莎士比亚剧团

2

和他们相处了一天,在整个令人难以忘怀的表演中,他们激动地流泪,兴奋地喝彩。

依照校规,学校在星期五下午 2 点 19 分下课,但是这些孩子自愿每天留到 5 点。当他们互道再见,把书包甩上肩,往门口走出去时,其中六位同学留在最后。五位要与我去观赏道奇队的比赛,他们的兴奋之情可以理解。但是第六位——山姆,却不是其中之一,我立刻开始担心。

第一次遇见山姆时,我发现他不受老师和同学的欢迎,而原因很明显:上课时他无法静静地坐着;他时常不按顺序发言,而且总是离题,却又难以打断。

除此之外,他全身污秽邋遢——没梳洗而且衣服很脏乱。那并不是他的个人习惯不好,而是他根本就没有良好的习惯。在操场上,他会脱下衬衫,丢在肮脏的柏油路上,然后玩得满身大汗,臭不可闻。在霍伯特,孩子们知道绝不能把任何东西放在地上,因为任何没注意到的书包或衣物会在单独放置的几秒钟内消失。但是没有人会碰山姆的衣物,甚至没有人想要靠近他的衣物。当他的活动结束时,山姆会捡起衬衫,先用来擦干脸上的汗水,然后穿上,看起来实在很不雅观。

山姆在同学中没有朋友,甚至在教职员中也没有支持者,然而他和我逐渐发展了友谊。总之从里到外,九年来,山姆第一次在学习上能跟上步伐,不再抗拒。以前他从不参加社团活动,现在终于参加了我所提供的许多课外活动。他是班上最后一位开始为莎士比亚留下来的孩子。一大早的数学课、午餐时间的音乐课与大玩追逐的游戏，山姆在这些方面的进步都一日千里。他发现自己喜爱美国历史，而且**一旦找到自己的兴趣，一个学者就诞生了**。他贪婪地阅读他能找到的每一本相关书籍，特别专注于战争的权术。他的生命充满了爱国的热忱，山姆的思想变得更有系统，他开始让自己维持干净。现在，在班上11个月后，山姆变成大伙的一分子。他有了许多真正的朋友，而且从来没有如此开心过。

但是在这个星期五晚上，他很沮丧。他喜爱棒球，而我无法让他参加他极为渴望参与的比赛。他知道稍后在暑假期间他会参加观看比赛的，但是那个晚上不能去还是让他很难过。在道奇球场待上一晚远比待在家对他更有吸引力。

山姆告诉我，他的母亲将在5点半左右来接他，然后问，等我离开后他能否留在教室。我想要说可以，但是我已被学校领导谴责数次，就因为我允许孩子在我回家后还逗留在56号教室读书到很晚。我了解他们的担心。虽然行政主管信任我的孩子确实在读书，但他们担心责任问题，而要我停止课后温习时间。身为班级导师，手边要奋斗的事已经够多了，我好开心能在这点上减轻压力，而且省下力气放在更重要的问题上。山姆向我保证他母亲会搭公交车来，他坐在操场上靠着我们教室的长椅子上等待。阳光璀璨，虽然到处都有的不良少年已占据了篮球场，但白昼还将持续两个多小时。我有信心,山姆,这新晋的历史学家会没事的。

即使在星期五下午 5 点,仍然有类似的挑战面对着精力已经透支的老师。等到山姆平平安安地离开,我才能把注意力转回眼前的球赛。

几分钟后,一群五年级生挤进我的房车,我以前的学生帮它取个绰号为"行动奥普拉(Oprah mobile)"。因为几年前,奥普拉(Oprah)很仁慈地帮助过我的班级,我们永远感激她的慷慨仁慈。孩子们只顾着玩,他们要参加生命中的第一场球赛,一切已准备妥当。他们每天都在学校的操场打棒球,而且在 10 月我们观看世界杯棒球赛的电视转播时,我教他们如何得分。他们在放春假时,晚上的功课就是要观看肯·伯恩斯(Ken Burns)棒球纪录片。现在,历经一年的准备,他们要去看职业球员进行他们逐渐喜爱上的运动。此外,道奇热情地邀请孩子们在比赛前参观他们的办公室,以了解棒球行业的有关知识。至于额外的招待则是在他们就座看球赛前,先去球场观看击球练习。

我们到达道奇总部,警卫友善而坚定地告诉我们须等待入场许可。不久,我们和导游碰面了。她很有礼貌,但是看起来疲惫不堪。她可能已带领着孩子参观好多年了,而且,从她的眼神,我敢说这将是星期五晚间她想做的最后一件事。别搞错了——这导游在自我介绍时绝对彬彬有礼,但可以感觉出她已经见够了缺乏兴趣又超级好动的孩子,扑灭了她心中的那点火种,让她不再有带领另一群孩子认识道奇历史的热忱。

然后，奇迹发生了。那正是我所期盼的，也是我喜爱当家长与教师的原因。

导游说："我们开始吧！"我们进入道奇的指挥中心。她带领着我们走过一道长廊，经过数个办公室，但是孩子们留意到走廊上的某件东西而停下脚步。挂在墙壁上的是一幅好莱坞黄金时代一位明星的照片，他碰巧是道奇忠实的球迷。那是张很美丽的照片，摄于至少 40 年前，照片中的他坐在道奇球场的看台，为他支持的球队打气。

"嘿，看哪！"凯萨大叫着，"那是亨利·方达。"所有的孩子都认得他，但是，凯萨，这特殊团队的领导者，为他们共同的想法发言。

"你知道亨利·方达？"导游问着，大为震惊一个五年级学生竟然知道一位 25 年前去世的演员。突然，她的眼睛不再疲惫了。她讶异无比，也十分好奇。

"当然，"凯萨说着，"亨利·方达……主演《十二怒汉》（12 Angry Men）的明星，联邦德国尼·卢曼特（Sidney Lumet）导演，1957 年最棒的影片。但是我更喜欢他在《愤怒的葡萄》（The Grapes of Wrath）的演出。我认为亨利·方达在影片中演活了斯坦贝克（Streinbeck）。你知道《愤怒的葡萄》？我们去年在福特电影院看的一部精彩的作品。"

这时，很多人从不同的办公室探头出来看。虽然没人发言，但是从那时起，我们的导游对我们的看法全然改观了。

她问了富有挑战性的问题,而且原定大约十分钟的参观行程花了将近一个多小时。孩子们表达了感激之情,然后赶在开赛前去买热狗,我们十分开心,而惊奇不已的导游把我拉至一旁。

"我真不知道要对你说什么,"她吞吞吐吐地说,"但是你的孩子不像我带过参观的其他团体。他们自信满满,但却非常讨人喜欢;他们如此出色,而且容光焕发!"她停了下来,试着寻找合适的形容词。

"他们好特别!"她有点肃然起敬地说着。

我很幸运常常听到这些话,这就是这本书所要谈的道理。从航空站、莎士比亚节到旅馆大厅,人们总是停下脚步盯着我的学生看,并赞叹不已,而且很多是溢美之词。

"你的孩子们多么有教养。"这些孩子好特殊,有一种超凡脱俗的天赋特质。

但这就是秘诀。这些学生并非天生特别——他们是逐渐变成那样的。这就是这本书的主题。这些非比寻常的孩子并非总是容光焕发或是知道亨利·方达。有时"分数"对他们来说是个谜,而"莎士比亚"是个乏味的已故白人。但是多位良师带领着他们接触这些观念与典范,而理解自己对孩子的发展有举足轻重作用的家长们则予以强化。

孩子们的天生资质不一,但是,**徒具天赋并不保证能够成功。比拥有天赋更重要的是:家长与教师们须精雕细琢这些本质,循循善诱地教导孩子们,让这些基础的本能与性格**

转化他们的天赋，成为卓越超群的特殊结果。一度，这些在道奇球场的孩子们只是未经雕琢的原钻，而不是让指导者眼睛一亮、光芒闪耀的宝石。经年累月，有着爱心与智慧的成人们精雕细琢着他们。而且，最棒的是：如果耐心地引导，你的孩子亦可容光焕发。**在孩子的成长旅程中，得做很大的牺牲、努力与准备。**那是一条艰辛的路，一条许多家长与孩子们最后觉得过于苛求而无法继续前行的路。但是，如同诗人弗斯特所教我们的，足迹愈少的路径愈能使万事改观。

在罗马，好心的意大利人会警告观光客交通指示只供参考。这也是你将要读到的：纯属建议。我担任教职几乎30年了，并且看着我自己的孩子成长。我得到的领悟是：养育孩子并非只有一种正确的方法，而是有无数的观点，其中许多是有效且有趣的。不过，我也理解为何在星期五晚上我已经疲惫不堪了，却仍要带着孩子出去的理由。**我想要帮助那些孩子成为卓越超群的人。**我知道**每一天都很重要。**我已明白即使是一个晚上的球赛，对孩子来说也可能是决定一生命运的独一无二的时刻。孩子总是出乎意料地学习到令人惊奇的事。因为我们的耐心协助之下，治愈癌症的医生或是下一本伟大的著作的作者可能就出现在这球场里，坐在我们的身旁。而我们确实有方法可循，可以采取一些步骤去协助孩子们达到我们梦寐以求的杰出表现。

我最关心的是，这些我很荣幸认识的孩子们没有药物或帮派的问题。我担心的是，这些孩子会庸俗平凡地过一生，而他们原本就已经被应许，应该成为灿烂夺目的明星。我不要我的孩子们庸庸碌碌，成为平凡无奇的人，因为我知道他们潜力无穷。所以，开始精雕细琢吧。

开球。

第一局

准备就是一切

第一球是好球,而且球赛在掌控中。孩子们特别惊奇于捕手手套接住球的声音,他们也不停地感激球场的宽阔视野。在公开场合,孩子们总是坐在比他们高的成人后面,而且必须以各种角度扭动身体去找到较好的观赏视线。但是今天晚上却没有这个问题。这是个美好的星期五傍晚,棒球赛通常吸引着大批的人潮,而今晚我们前面三排的位子却完全是空的。

"人都到哪儿去了?"奥斯汀问着。

我从 1962 年起开始到道奇球场看球赛,我知道最后这些空位都会被填满,那些观众只是迟到而已。但是这彰显了一个在养育孩子的过程中,太常被忽视的重要观念。我们的孩子必须理解时间的观念,而准时就是一个重要的开始。

在大部分的成绩单上,有些老师的评分是基于学生是否能善用时间。那真正的意义是什么呢?大部分的情况,只是评估孩子是否能依照时间表完成作业。

光是凭成绩,看不出来孩子是否懂得适时的重要性。有

10

人或许会纳闷,为何一个青少年必须了解时间及其重要性?因为这样的态度对培养孩子良好的生活习惯会产生极为关键的影响。**孩子必须理解,察知时间的人,将善用一生做伟大卓越的事。**

红雀队第一局的上半局很快地先攻球,这局中场休息时间提供了我一个机会去处理奥斯汀的问题。

雷夫:人们会来的,奥斯汀。他们看球赛迟到,这种事常常发生的。道奇球迷是以看球赛迟到而臭名昭著。

奥斯汀:那他们错过了好些球赛!

雷夫:是啊!

凯萨:但是他们不想知道过程。

雷夫:嗯,他们只查看分数。

凯萨:但是他们不会真的懂得是怎么回事。当领先第一局的红雀队再领先时,他们看不到第一回合道奇队如何对他们投球。分数不会告诉你每件事。

雷夫:我同意你的说法,凯萨。那就是为什么我们准时来。

杰西卡:迟到对球员也不好。

孩子们学习准时是非常必要的,这是一种生活方式。在他们的一生中,将面对各种截止期限。撰写学校指定作业的报告或填写奖学金的申请表格,准时是最紧要的。守时需要

11

计划：在我们去看道奇球赛前，孩子们就和我讨论何时该从学校出发。我们必须考虑洛杉矶的交通很糟糕，尤其是星期五傍晚。在房车上时，孩子们和我嘲笑着全球卫星定位系统，它告诉我们距离球场是三里路，我们应该约六分钟到达。即使是 10 岁的孩子，只要住在洛杉矶市区就会知道不是这么回事。

我们谈过道奇高层职员的好心，他们给了我们入场券并安排我们在下午 5 点 45 分参观办公室。如果迟到了，对所有努力给我们这个机会的人都是不敬的，对首先联系道奇、为我们安排这场夜间球赛的那位仁慈女士也是无礼的。准时反映了对他人的感谢，那是很多人所忽视的。

当然，并不是每个人都很重视这件事。我的班级每年在 56 号教室演出莎士比亚的戏剧时，我们就像经营专业剧院一样安排座位，迟到者必须等到一幕戏的休息时间才能入场就座。以此教导孩子当人们看戏迟到时，会打扰到那些准时的人。人们从你前面徐徐行进就座，被这样的人打扰是很不愉快的。有些迟到者很不满我们的政策，对着班上大喊大叫或写卑鄙的信给班上。这种体验对孩子们是好的；他们可以从观察他人的行为中学习。你不需要把孩子们拉至一旁告诉他们："在架构自己的价值观时，你刚见证到的事情很值得思考。"

学生留意到经常迟到和对行程欠考虑之间有直接的关联。在班上的讨论中，他们还指出，在演出中手机响起来的人通常也是迟到者。孩子能从中学习到，缺乏守时的观念通常也代表着这个人的灵敏度不够。

假如你和孩子一起旅行，你也可以在机场学到相同的教训。没有人会觉得搭机旅行是件很开心的事，大排长龙的安检队伍与班机误点都让人头痛。不过，最让人惊奇的是，每次学生和我等待着通过金属探测器时，我们总是看到队伍中有人的班机将于 15 分钟内起飞，这些旅客会对着运输安全管理局的工作人员大喊大叫。我的学生已学会守时的重要，他们明白那些狂怒的旅客其实可以提早到达机场以避免这种情况。这是年轻人可学习的永恒教训：那些常常迟到的人，将自己的挫折怪罪于那些与他们的不幸无关的人。**守时表现出我们能掌控自己的命运，相信我们应该对自己的行为负责。**

让孩子知道在成人的世界里，每个人都期盼他人守时。假如有人约会迟到，人们会生气。假如医生手术迟到，每个人都会大发雷霆。负责任就表示个人要维持准时的同一标准，而在孩提时候就应该习得这样的观念。

利用周末教导时间的管理

伟大的脱口秀明星乔治·卡林（George Carlin）时常奚落足球妈妈对孩子们过度的规划，而且许多人同意他的看法。就像那些不相信孩子需要许多家庭作业的人，我也认为孩子需要一些无所事事的时间。他们需要在泥里玩耍，注视着流云，消化他们所接收的所有讯息，尤其是现在，讯息以前所未有的速度迎向前来的时代。

但是，这中间有个问题：**很多孩子在独处时，因有限的经验与能力，会做出不好的选择。**假如我们偶尔让孩子独处几小时，电视或计算机屏幕会成为令人恐惧的危险敌人，以无聊和令人麻木的琐事剥削掉宝贵的时间。解决此问题的答案是找个快乐的媒介，让我们不在时，他们不会被我们或被所观看的节目过度控制住。

在星期五下午，我和学生会做些练习。孩子和我坐下来，看一看周末的时间表，我们讨论要如何利用他们的时间。我的学生是托尔金的《魔戒》(The Lord of the Rings)迷，在周末开始前，我们记起巫师甘道夫的睿智忠告："你们所需做的是，以你所有的时间决定做什么。"

家长们可以在一张纸上做这个练习，而我是在全班都看得到的板子上做：

下午 5 点：星期五离校。

早上 6 点 30 分：下周一回到学校参与数学小组。

时间：61 小时 30 分钟可利用。

睡眠：每晚 9 小时，三晚共 27 小时。

孩子们在扣除睡眠时间后，发现他们周末有 34 小时 30 分钟可利用或浪费。孩子们估计他们将花大概 6 个小时用餐和做家事,例如:清理房子。现在他们剩下 28 小时 30 分钟。

然后,我要他们估计家庭活动的时间,例如:探访亲戚或上教堂。甚至连节目排得最满的孩子也是一样,花在家庭活动的时间最多也就平均每个周末 10 小时。这意味着他们仍然剩下 18 个小时,甚至更多。

我要孩子去考虑以下的讯息:即使他们想花 13 个小时只是到处闲逛——玩追逐的游戏、看电影、骑脚踏车、谈论谁喜欢谁,或是在公园小憩与听听昆虫的嗡嗡声——他们仍有 5 小时剩下来阅读与研究。

那 5 小时,用来想想下一周的课程,开始着手一个特别的研究报告;用 5 小时去阅读《纳尼亚传奇》(The Chronicles of Narnia),不是因为那是指定的,而是因为他们喜欢;或是用 5 小时去协助需要帮忙的邻居。**不管是孩子的个人选择,或是被指引着,这些年轻人都被告知时间的重要。**并不是每秒钟都必须规划妥当,但是,**有了指引,年轻人能更清楚地想象周末的情况,有效地利用时间,而不是坐在沙发椅上看 12 小时的电视,等周一醒来,后悔时光逝去。**

给课堂上的老师们

老师们可以是学生有效时间管理的典范。在小学阶段,教室时常是一切都完备的,指导者有机会去浪费或有效地利用他们的时间。比方说,假如早上有阅读课与数学课,和你

的学生练习得花多长时间才能把阅读的书本放一边，准备好
上数学课。这并不是建议你们旋风般把一套书丢入书桌抽
屉里，再拿出另一套。但是许多教室在两堂课之间花了太多
的时间。有个骇人听闻的事实：学生只是在两堂课之间，一
年下来即可浪费数百个小时。假如重新获得这些宝贵的时
间，就能用来阅读旷世巨著或解答数学问题。在许多市区的
小学，超过半数的孩子连基础阅读与数学的考试都无法过
关，显然，我们没有时间可以浪费了。

对高中老师，这情况甚至更困难。每小时，学生进进出
出，一堂 52 分钟的课，事实上，可能只有 49 分钟。有必要让
学生明白：浪费掉的 3 分钟，累积成每个月 1 小时，也就是他
们错过的学习机会。**最杰出的教师懂得和学生相处的分分
秒秒都很宝贵，而且能善加利用。**

第一局中场

红雀队第一局上半场没有得分。巨大的球场屏幕上突
然播放起音乐，强迫在场观众接受来自好莱坞愚蠢的最新商
业广告。孩子们为这一局做了总结，在他们的记分表上，列
表显示跑垒、击球、失误与出局的球员。

一个迟到的观众从走道走来。他的位子实际上是在我
们的前面几排，但是因为仍然有许多空位，途中，他在我们旁
边停下来拍拍正旭。

16

迟到者:我错过了什么吗?

正旭:错过很多。(这位小教授一向是诚实的。)

迟到者:分数呢?

正旭:0:0。道奇队要攻球了。

迟到者:所以,我没错过什么。

那个人如释重负,开心地走到他的位子。

我们似乎时常处于"底线"的社会,在那里,最后的分数或最后的等级是最重要的。杰出的孩子会逐渐明白过程才是最重要的。考试中得到甲等是美好的,但是反映出导致成绩进步的学习过程更好。在戏剧或音乐会中演出,听到现场观众的欢呼是令人兴奋的,但是非比寻常的孩子知道数以千计花在预演的时间,其实比演出本身更有意义也更快乐。

只因为守时,这些孩子给自己一个机会去理解球场上更多的动作。那些迟到者没有错过分数,但分数本身不会反映出所发生一切的深层意义。在二分之一局,道奇队的投手已确定当晚的球赛计划,而红雀队也是。孩子们看到红雀队是否转向先投球或朝着得分前进。两队的经理都是从一大群天才中挑选出特定的球员,试着给球队一些优势,给他们最佳的赢球机会。杰出的球员或许被略过,因为经理想要创造特定的组合。守时促进孩子们对事情的理解,而那是件好事。

转变中的迷失

《豪勇七蛟龙》(The Magnificent Seven)是约翰·斯特奇斯(John Sturge)根据黑泽明(Akira Kurosawa)影片《七武士》(Seven Samurai)翻拍的,在这部伟大的影片中,有令人惊叹的一幕,一个名叫哈利·拉克的神枪手相信他会因帮助危急的墨西哥农民击退一群残忍的强盗而收到巨额黄金。但事实并非如此。由布拉德·德克斯特饰演的哈利,不听尤·伯连纳所饰演的克里斯的警告,在彩虹尽头根本没有找到巨额黄金。

世上总是有人只听自己想要听的,即使他们知道所听到的并非他人的本意。这就是转变中迷失的综合症状。许多学校读过或听过 56 号教室的学生很勤奋的事,而且把教室改成狄更斯式的工作间以试着复制这样的成功。56 号教室也充满着笑声与欢乐,那正是如同成功一样重要。不过,有些教师最后却成为《雾都孤儿》(Oliver Twist)中冷酷的邦博先生。

第一的底线

轮到道奇队击球,凯萨好沮丧。他总是相信天堂是由一天 24 小时的棒球比赛所构成的。他注意到参观球赛的人并不欣赏或感激能观赏这些伟大运动员的机会。他的座右铭是"珍惜今天"(把握时间)。他虽然卓越非凡,心智却仍然只是个10岁的孩子,要他去揣摩看球赛的人竟有可能不知道球队的名字是很困难的,更别说明白领先的棒球分数从何而来,那对他而言仍是百思不解的。

让我们厘清某些事。去看球赛是为了去喝杯啤酒,在辛苦工作了一天后放松一下并没有什么错。没有人一定得注意球员的动作或在乎任何人的打击率。那是个人的选择。

但是,**我的工作是帮助小孩子不要只看表面,而且尽量利用时间,好对环绕着他们的世界获得更深的理解。**那是养育孩子的一个方式,虽然并不是惟一的方式,但能教孩子远离沉闷无趣。**孩子们懂得聪明地运用时间,就能拥有稀奇古怪各式各样的乐趣。**这两个观念并非彼此排斥。在我们的社会,有许多人,也许是多数,对乐趣的定义是在相机捕捉画面时尖叫或丢掷食物,这无可厚非。不过只要家长们想要给孩子更多,则需要使用另一本字典来解释。

更宽广的视野

我们需要教导孩子们守时,但这只是一开始的讯息。一旦提出根本的想法,讯息会不断扩展。**第一个训诫是永远要守时。**许多人可能不理解这句话的重要性,并且嘲笑自己或家人经常迟到。然而,**在教导孩子时一开始就应该教他们严守时间。**孩子在学习守时的时候,也该有机会去理解时间观念在生命中如何扮演着主要的部分,有机会能从地理或历史的背景中来思考。

一人出局的第一局残垒。球场的灯亮了，天空逐渐灰暗起来。艺琳来回地看着本垒的动作与球场上不同的记分板，那板上闪烁着得分、总数与投球的速度。在球场外的墙上，她留意到各式各样的城市与数字。她被弄糊涂了。有十几组数字，而且，让她更困惑的是这些数字还不断地被更改。

艺琳：在球场外墙上的那些数字是什么？

雷夫：喔，那些是今晚全国所有球赛的分数。

艺琳：为什么左边球场与右边球场的数字不同？

雷夫：那边的分数是国家联盟队，而另一边是美国联盟队。记得我们学过不同的区域吗？他们依照区域划分分数，而且当分数改变时，整晚就要跟着改变数字。懂了没？

艺琳：不懂。

雷夫：你当然懂了。那很简单，悠悠（那是我给这位小歌手的昵称）。你可以看到红袜队领先，4：2；而亚利桑那响尾蛇队和巨人队僵持着，0：0。哪里不懂？

艺琳：我懂那些分数。但是红袜队的分数为什么比巨人队的高？

雷夫：因为红袜队是在第八局了，而巨人队的球赛才刚开始。

此时我灵光一现。关于时间的学习，教导孩子这个重点的大门已敞开——时间是相对的。艺琳已明白其他时区而且理解了。例如：华盛顿特区比洛杉矶早三小时。但聪明如她，仍没有此概念。她仍然认为世界上每件事同时发生，而且，她不理解东岸的球赛早在洛杉矶进行的巨人队球赛前几小时开始。一旦她领会这概念，艺琳整晚充满乐趣地看着记分板。她逐渐着迷于真相：堪萨斯皇家队领先洋基队在不同的时间进行着相同的球赛；当道奇队与红雀队仍在道奇球场持续奋战，那些队的球员们可能在床上睡觉。艺琳开始对地理、时区与所有的相关性感兴趣。而且所有这一切发生在道奇队在第一局打击率居下风的时刻。

在未来的岁月，这个小女孩将会到全国各地旅行表演。在搭飞机时她总得重新设定她的手表。当她穿越时区时，要重新计划自己的行程。而在道奇球场墙上的棒球分数闪烁时，她已学会了如何去观看。

更辽阔的远景

对时间相关性的理解，最终导致所有一切最重要的发展——对历史的兴趣，而且牵连到所有关于现在的一切。现在的孩子们时常不懂历史的重要。事实上，还有不少的老师们骄傲地宣称在历史课上他们从不教有关"死白人"的事情。这是错误的。历史很重要，就连"死白人"的事情也很重要。

研读历史中的某些事件，让杰出的学生超越同伴，而且那与聪明睿智或天赋异禀无关。因为他们发展出以时间为中心的智力，这些年轻人逐渐理解而且尊重其他的时代。我

常被问及:"你是如何让学生喜欢莎士比亚或马克·吐温的?"或:"为什么你的学生热忱地欣赏维瓦尔第,而我的孩子只想听嘻哈(hip - hop)或摇滚乐?""为什么你的孩子喜爱《北非谍影》?"答案很简单。那是因为霍伯特的莎士比亚组员已学会尊重时间与那些前辈。他们洞察过去,明白活在"现在"就是最重要的事了。

尊重时间的孩子明白,一件事情是否伟大全看它是否能通过时间的考验。他们知道最新的流行歌手可能卖掉数百万张的CD,但是,重点在10年、50年或100年后人们是否还会听这些音乐。答案很可能是不会。贝多芬的《第五交响曲》(Fifth Symphony)的开场音符让人如此熟悉是有原因的。那首乐曲闻名全球,出类拔萃,正如时间所证实——这首乐曲持续地流传下去,影响人类数百年之久。孩子们仔细地思考就能理解所有的时间都是息息相关的。懂得过去创造现在、现在塑造未来的孩子,就该明白如何扩展不同的时代,一直到他自己现存的时空。

杰出的孩子欣然接受来自各时代的艺术、人物与观念,而且他们之所以如此,是因为他们对时间的热爱与尊重。他们不把过去的事件视为静态,或因年代久远而搁置一旁。他们认为18世纪并不陌生,也不古怪,否则当他们读到汤姆·索耶的诡计让许多圣彼得堡市孩子们为了争取粉刷篱笆而成为无辜的受害者时,他们也不会那样歇斯底里地哈哈大笑了。经过时间的淬炼,他们明白马克·吐温作品的价值,而且他们发现《汤姆·索亚历险记》(The Adventures of Tom Sawyer)非常好玩。在我们开始研读莎士比亚时,我们想起诗人本·琼森(Ben Jonson)的赞美,他描述莎士比亚为"不是一时,而是永远"的人。

另一种方法去帮助孩子参与来自过去的观念,是告知他们地质上的时间。到谷歌上搜寻这个术语,会引导你到许多网站,陈列出地球存在的年代,还加上 24 小时的时间。年轻人会很震惊地看到假如地球的时间是以大约一天来计量,人类的存在是直到午夜前数秒钟才刚开始,乔叟(Chaucer)与巴赫(Bach)似乎没那么老——在时间上,他们与我们只有毫秒之差! 地质学的时钟有助于孩子们对那些先人们敞开心智,而且这么做对过去所能提供的一切大有帮助。

~~~~~~~~~•~~~~~~ 书包 ~~~~~~•~~~~~~~

大多数家长帮助年幼的孩子准备上学。他们购买上学用品,还会帮助幼小的孩子整理书包。有爱心的家长们时常情急拼命地努力购买铅笔、笔记本和其他教育物品,以帮助孩子准备好去学习。没错,我们的小士兵们必须为战役做准备。

家长可以帮忙孩子在书包里填满一些特别的工具,以协助孩子达到更高境界。铅笔和橡皮擦当然很重要,但是,真正必要的工具是在他们的智力书包里所携带的知识产品。这些是他们用来寻找人生方向的工具,而这些工具所传授的课程是明朗与具体的，包含在影片、书本、游戏、嗜好、家长与老师们的智慧以及孩子们自己的经验里。这些工具比只是拥有适当的计算器或笔记本电脑更重要。针对孩子开始踏上困惑与危险的人生道路之前应该携带些什么，在这本书的每个章节里都提供了一些简单的建议。

我留意到有些工具不是很容易取得或抓牢是很重要的。在这方面，真正成功的要素和孩子们目前在教室里所学习的没有太大关系。学校时常做了错误的假设，自认为能迅速与有效地教导技能。让我们看一下背后真相。

这些日子，许多好心的学区把教师、教练、课程督导与数以千计的角色集中起来，以决定你的孩子需要什么技能才能成功。一旦建立了"标准"，接着就是调整的计划，以确信所有的学生能以相同比例与相同方式习得每一项特殊技能。当然，这是不合理的。考虑到真相：一个孩子无法永久地在一两天内学到有价值的知识，这样做结果更糟糕。

例如：在洛杉矶联合学区，五年级学生研读文法时应该学习名词的观念。保守地说，大多数人会同意这是桩好事。孩子能够理解名词，就会成为更好的作家与意见的沟通者。然而，遗憾的是，学区仅使用一本练习本，给孩子大约两天时间去涵盖名词。督导环视着教室以确信教师们恪尽其责。接着举行每周会议，而督导带着精巧规划的表现与核对清单，证明名词已经教过了，孩子们现在都知道有关名词的一切。

简直是荒唐!

所有家长都了解,孩子们不是这样学习的。**大部分的孩子,甚至是非常聪明的孩子,都需要持续的复习与练习才能真正习得文法、数学或科学的观念。**今天在学校,在报告上可能出现孩子已习得的技能,但是事实上,他们只是借用那些技能而已,过了周末或暑假很快会忘记他们所学的。

对家长来说,这意味着在巩固孩子对基本概念的理解方面,必须要加强学校所教的课程(而且加些你自己的)是至关重要的。这需要固定的重复与大量的练习。在教孩子时间的重要性时,要注意的是你绝不会看到这样的时刻——孩子大喊着:"哈哈! 我懂了! 之前我从没想过时间的重要性。现在我懂了! 谢谢你,聪明的爸爸妈妈,因为你让我的生命更美好。"好像养育孩子就这么简单。遗憾的是并非如此。但是,假如你愿意在加强灌输这观念时经常举出例子,偶尔谈到这主题(当然要适时),你的孩子将开始获得一些知识,那可能是课堂上无法涵盖的。指出来自全国各地的棒球分数是来自不同时区举行的球赛,只是一个简单的例子。这儿还有些更特别的准时训诫,那应该也是教育孩子的一部分。

适时的阅读

在文学课上,每个孩子都应该阅读普利策奖得主、索尔顿·威尔德(Thornton Wilder)的经典作品《我们的小镇》(Our Town)。那是极好的作品,好得足以在童年的课程上阅读数次。甚至小孩已准备好与家人一起阅读。中学时光是再次阅读的良机，而在高中研读这作品更是必要。当然更好的做法是让孩子在观赏作品演出前先阅读剧本。另外也有几个杰出的影片版本光盘已发行。有一部分人喜爱 1940 年拍摄的同名影片，由威廉·霍尔登（William Holden）与玛莎·斯考特（Martha Scott）主演，但其他人较喜爱 1977 年霍尔马克名人堂（Hallmark Hall of Fame）出品的杰作，哈尔·霍尔布鲁克（Hal Holbrook）是舞台经理，担纲演出的明星阵容有：尼德·巴迪（Ned Beatty）、罗尼·考克斯（Ronny Cox）、莎德·汤普森（Sada Thompson）、芭芭拉·贝尔基德斯（Barbara Bel Geddes）与罗比·班森（Robbie Benson）。

索尔顿·威尔德的剧本充满着关于时间的出色台词，讨论着曾经住在巴比伦的家人与为美国内战阵亡的孩子，"虽然他们自己从未看过超过 20 里以外的世界"。最重要的是，确信你的孩子明白埃米莉（Emily）死后回到过去的意义。她太晚明白人们鲜少感激此生所赋予的时间，她泪眼婆娑地问着舞台经理：

埃米莉：是否有人能在活着时明白生命的每分每秒？
舞台经理：没有，除了圣人与诗人——或许他们明白些。

假如我们只养育圣人与诗人，世界将会变得多么可怕？分分秒秒挑战学生的生活，那是个值得赞扬的目标。《我们的小镇》可能就是在强调年轻人如何对时间心存感激。

对那些已经激起真正阅读热忱的学生,可以去读亚历士·哈里(Alex Haley)的杰作《马尔科姆 X 自传》(The Auto-biography of Malcolm X),而且可当做是斯派克·李(Spike Lee)引起轰动的影片的补充读物。马尔科姆知道自己来日无多,总是带着手表。他写下他从不以距离估量任何事,而是以时间。他总是 10 分钟到一个地方,而且从未离两里路远。他靠着手表过日子,的确,几乎在每张他所拍摄的照片里你能看到他绝不会忘掉的定时器。无论你是否同意他的政治信条,不可否认这本书很出色,而且马尔科姆对时间的沉思对孩子来说是件好事,他认真对待自己人生的时间可以当做参考。

为好莱坞喝彩

在你碰到戏剧前

和较年幼或年纪稍长的孩子一起看电影,对他们来说是极好的学习经验。然而,秘诀是和你的孩子一起看。我和年轻人一起看的许多电影有些严肃的成人主题,这些主题时常被操心的家长们避开,那些家长对于孩子是否该接触战争、性与其他成年人相关的事情有着不同的观点。在此我讨论的大多数是我和自己的孩子一起看过,也和班上的学生一起看的电影。那些电影令人深思,而那才是重点。但是,**当孩子的思想有可能被误导时,我们仍需要在那儿正确引导他们。**

花时间在电影上

为了好玩,家人可以安排每年的 2 月 2 日为娱乐日,照例观看由比尔·默瑞(Bill Murray)主演令人捧腹大笑的电影《偷天情缘》(Groundhog Day)。像所有优秀的喜剧,这部电影用幽默感去探究严肃的主题,你可以想象出无止境的机会去学习与改正我们的错误。看完电影后,花一点时间去提醒孩子,其实人生并非如此——我们通常只有一次机会去做正确的事,需要善加利用每个机会。

如果想在家里扩大推广这个讯息、做更大胆的尝试,不妨试着观看乔治·帕尔(George Pal)导演的最早期 1960 年的电影版本,改编自威尔斯(H. G. Wells)的小说《时间机器》(The Time Machine)。这部电影,由罗德·泰勒(Rod Taylor)、艾伦·杨(Alan Young)与伊薇特·米米亚克斯(Yvette Mimieux)主演,重建了一个过去/未来的时间关系,同时对不同的时代如何相互关联做了详细说明。大多数的电影都没有原著那么好,而这本书可以是家庭阅读计划的一部分,最好在观看电影前阅读。在电影里,饰演韦尔斯的角色带着三本书到未来去旅行,以展开一个新世界。他最好的朋友留下来,而且在书架上找到了那三本书的空位。故事从未说明前往那个社会的旅途中,韦尔斯带了哪几本书去。观众必须去思考他会挑选哪三本书去展开一个新文明。那个故事不但精彩刺激,娱乐性强,而且也挑战孩子去思考我们现在的知识会如何塑造我们的未来。家长时常对孩子感到沮丧，因为他们排斥过去，拒绝考虑未来。《时间机器》是书包里额外的一本书，它能激励孩子开始朝两个方向去看看。

最后，确信你的孩子看了《莫扎特传》（Amadeus），米勒斯·福曼（Milos Forman）1984年的影片，那部影片获得了奥斯卡金像奖。在影片一开始，有一幕很美好的片段，一个牧师试着去安慰作曲家沙利瑞，他近来企图自杀。沙利瑞弹奏了数首好久以前作的乐曲，牧师却一首都没听出，于是他逐渐感到沮丧，但事实上他不过是在"敲击"那些曲调。最后，沙利瑞弹奏了一首牧师立刻能听出（你的孩子也能马上听出）的曲子。那牧师试着去赞美那沮丧的作曲家，说他不知道他的病人写了这首有名的曲子。

"不是我写的。"沮丧的沙利瑞抱怨着，的确——那首曲子是与他同时代的对手莫扎特所写的。这精彩的一幕来自美好的作品，而且有益于孩子去思考。我们在莫扎特死后几百年还能听出他的曲子，因为它通过了时间的考验，而这幕戏也提醒了我们这个重要概念。

·~~~ 假如音乐是爱的食物，玩吧 ~~~·

假如地球上的每个孩子都爱玩音乐，这世界会成为更美好的地方。**无论个人资质如何，音乐对孩子完全的发展都至关重要**。因为有很多原因让玩音乐的孩子比那些不玩音乐的孩子对时间有更好的理解。

爱因斯坦提出关于音乐与数学之间的关联，而且在音乐方面表现杰出的学生时常发展出对数学的喜爱。音乐家必须更懂得掌握时间，因为复杂精细的节拍与时间把握能让乐队或管弦乐团组合在一起。

这样的好处也不限于演奏本身。当孩子玩音乐时，能学到对预演得守时，他也必须规划日程与预留时间去练习乐器。时间管理会导致更好或更糟的结果，学生会明白不科学的时间管理将造成缺乏练习的结果。年轻的音乐家学会不但自己得守时，而且和其他人一起团体演奏时也得守时。所有和我看球赛的孩子都玩音乐，而且所有的孩子不论是上课或参加课外活动都总是守时。那不是巧合。你看看能否私下请老师教你的孩子，或确信他在学校里玩音乐，音乐应该是必修的。阅读音乐就如同阅读书本一样重要。

今天，许多学校对音乐有不同的看法，而且只提供音乐为选修课程。这是个错误。音乐的训练应该是被视作完整教育的一部分。假如你的孩子读音乐、玩音乐，把音乐视为他日常生活的一部分，他的人生会因此而更美好。**通过音乐，学生会习得如何确实地与他人玩乐，而且在潜意识中发展时间管理的技能，对整个人生都有益，即便他已不玩那乐器时仍然有帮助。**

世界舞台

因为有了音乐，在戏剧中表演的孩子比那些没表演的孩子对时间的理解更好。三十几年前当我刚开始指导学生演戏时,我对此一窍不通。在前几年,我与学生进行的演出只是学习台词、安排布景,再让观众开心地回家。

慢慢老练成熟后,虽然没有笑声、欢呼声和更多新鲜感,但我观察到有些孩子比其他的孩子更能引起观众的共鸣,那全与他们对时间的安排有关。当孩子预演一出戏,学习背台词,预测他人的反应时,他的时间感就变得更好了。

想想伊恩·麦克莱恩爵士(Sir Ian McKellen)了不起的笑话。这则笑话出现在他的个人秀"扮演莎士比亚"中。在演出各种来自莎士比亚的小品文时,我们班喜爱在台上表演这个笑话。表演了几小时后,其中一个孩子会拿着一个杯子出来说:你不能喝,但是很抱歉我得喝一杯。人类的发声系统不是为了长期使用、毫无润滑剂而设计的。假如你的声音有问题,不要讲话。那是改善破嗓子最快的方法。但是假如你必须说话,那么你会比吞下这自制的补药更糟。这补药只是刚挤的新鲜柠檬汁和着温润的蜂蜜,倒在一起,搅一搅,直到都溶解了,然后把它倒进喉咙。

(他啜了一小口,告诉观众:"好喝。"这引起观众小声咯咯地笑。然后,一阵长长的停顿,关键的台词来了。)

实际上,那是杜松子酒!(观众捧腹大笑到不行。)

(另一次戏剧化的停顿。)

而剧院的魔力是,你永远不知道会发生什么。

多年来,我的学生一直在台上说这个笑话,让数以千计的观众乐不可支。暂停是更好的策略；这些孩子学会安排时间的重要。假如他们在宣布补药原来是酒之前没有停顿一下，观众就不会如此捧腹大笑了。他们学会等上一个笑话的笑声尾音刚好消失的瞬间说出最后的台词。假如他们等到整个表演厅寂静无声时，那笑话也就平淡无奇了。假如他们的台词背得太快，之前的笑声则会盖过最后的有力台词。

孩子们在表演音乐与戏剧时，发现时间安排是最重要的。在师长的指导之下，他们不需要花太大的力气来捕捉，这不只是艺术，而是生命的真相。在戏剧中，孩子发展了语言表达的技能，并不只是简单地背台词，还要知道何时说的精湛天赋。

我们希望孩子拥有比我们自己更美好的人生，假如他们珍视时间，这梦想更可能成真。把这些书籍、影片和你自己的见解结合一起，打包一个乐器和书本，然后小心翼翼地拉上孩子书包的拉链。你不会想要他遗失任何无价之宝。

第一局结束

第一局结束了，孩子们很开心，在比较着计分表时还咯咯地笑。为这些小孩准备一个晚上的球赛并不容易。我想到索尔顿·威尔德，他总是对数百万计的明星、人类与心灵甚感兴趣。我思忖着这些孩子花了数百小时学习有关棒球的知识，看到他们玩得如此开心感觉真好。而且，就像索尔顿·威尔德一样，我想到以前的学生。

我想起了朱丽叶，她是多年前我带去看球赛的第一批孩子之一。她从不是个忠实的棒球粉丝。体操是她的最爱。更有意思的是，她甚至没在我班上读过。她是另一个五年级老师班上的学生，但是她总是在56号教室外逗留。她玩音乐，在我们莎士比亚戏剧中演出，而且她是个耀眼的明星。

就在上个月，我和我太太芭芭拉到纽约的绮色佳旅行，在康奈尔时我们拜访了朱丽叶。小朱丽叶，已不再是那么稚嫩了，她是全家第一个上大学的人，而且她正在一所常春藤的顶尖名校就读。她出身低微，多数人认为这是奇迹。

现在她已大四了，主修化工。她有许多工作、实习机会与研究所提供的全额奖学金。她的未来是亮丽的。对一个过去不会说英语的小女孩来说，这是很不错的结果。她的父亲得到处打工，工时又长，才能挣得全家温饱。无论他是在眼镜行里接订单，或是在大卖场里卖三明治，他总是想尽办法让他的孩子有机会读书。

在一个愉快的春天傍晚，我们和朱丽叶在康奈尔校园附近的一家小餐厅吃晚餐。我们大笑，接着又哭了一会，想到我们已彼此认识了10年。

芭芭拉谈到了过去的日子，而且了解了多年来失去联系的孩子的情况。有许多孩子就如同朱丽叶那样生活美好，甚至比她更前途光明，但却没上大学。

对一个与众不同的年轻人，我总是很想知道有关成功背后的故事。朱丽叶向我提及在康奈尔她有两位室友。一位中途辍学了。另外一位最近刚返校为她的毕业努力冲刺。只有朱丽叶一步登天。我问她如何达到惊人的成功。

雷夫：你成功的秘诀是什么，朱丽叶？

朱丽叶：（哈哈大笑）星期五与波菲亚特古堡（Pomfret Castle）。毋庸置疑。

雷夫：（愣住了）什么？

朱丽叶向我解释，在高中时，星期五晚上是她一星期中最爱的时间。其他的学生都很高兴课程结束，便丢开一切去狂欢。她发现她的大学同学也是。但是朱丽叶的方式不同。她和同学一样，也爱参加派对。她从不酗酒，但是朋友、音乐与"不正经"的事是她人生的大部分。只是不是在星期五。她告诉我，在学期间，每个星期五，她特别用功读书。那并不是说她比其他学生多读许多小时，而是她在读截然不同的书籍。她说我们关于时间的讨论对她很管用。我甚至从未想到星期五晚上的重要，但是她想到了。

雷夫：所以研读哈姆雷特是有帮助的。记得哈姆雷特说过"准备就是一切"。

朱丽叶：当然。但是说实话，对我来说更有意义的是，许多年前你带我去俄勒冈莎士比亚节看的《理查德二世》（Richard II）。

雷夫:真的?

朱丽叶:我一直记得第五幕,第五场。我甚至抄下我最爱的台词,贴在我的书桌上。在波菲亚特古堡前被谋杀时,理查德二世说道:"我浪费了时间,而现在时间浪费了我。"我决不要让那成为我墓碑上的碑文。

我突然眨眨眼,注意力又回到道奇球场。我朝右边瞥了一下,孩子们正准备好观看第二局。我微笑着梦想他们也会懂得及时与守时,也会长成像朱丽叶那样与众不同的人。我不再觉得疲惫不堪了。

第二局

看　球

"注意"这个词很可能会得奖,因为这是教室里最常使用的警告用语。它和"注意听"、"坐好"、"安静"及最可悲的"闭嘴"可以一较高下。毫无疑问,今天大多数的教师抱怨在教室里愈来愈恶化的问题是孩子们言行举止欠佳,他们就是不用心听。

本章是关于专注的问题。卓越的学生很专注,而且能专注很长的时间。在读小说时,这些学生不会先看书里有多少页才开始。在看影片前,他们也不会考虑印在光盘盒子上的影片长度。而且他们非常注意聆听,不会被不重要的信息影响。我和孩子一起旅行时,几乎每到一个地方,无论在机场、餐厅或旅馆大厅,有些和蔼的陌生人会走近我,而且困惑地问:"老天,你是如何让那些孩子如此专心致志的?"

这些日子,似乎每个焦躁不安的孩子都自动地被贴上"注意力缺陷多动症"(ADHD)的标签,能看到把目光专注在球上的年轻人,大家都深受感动。

当然,注意力缺陷多动症是一个严重的问题,那的确影响了世界上一部分的孩子。这些孩子需要专家的协助，而且，有了适合的专家的参与以及耐心负责的家长，能带给孩子快乐而有效率的人生。

但是今天，任何看着窗外、没完成功课或在上课中言行粗鲁无礼的孩子，都被诊断为深受此病症之苦。许多孩子服用药物，是因为除了药物之外已无办法可寻。

对大多数孩子来说，缺乏专注不是医学上的问题。他们时常感到厌烦，而最糟的是他们所生活的社会正用无数分散注意力的事物来破坏他们的专注力。无法专注会造成在教室与生活上悲惨的结果。高成就的学生必须学会如何不容易分心。**假如一个孩子能专注于学校的学习**，而且，更重要的是，**专注于自己的梦想与目标，他的人生会更美好**。

第二局开始了，轮到红雀队击球。对星期五晚上来说，仍然空洞洞的球场显得有些不寻常。我的新手记分员们发现了观察的节奏。他们学会了如何去看各种不同的记分板，以便查看好球与坏球，也明白如何确认当前的打击手在记分板上如何增加得分。他们尚未学会一连串复杂的统计资料的方法，那是较有经验的棒球迷早已精通的：上垒的百分比、跑垒的平均数与强打的百分比。但是，他们明白打击的平均数与统计资料，例如：全垒打与安打。当打击率高达三百以上的打击手在本垒就位时，孩子们会坐直些。孩子们表现得非常好。

红雀队的表现也很杰出。他们的中等选手在道奇的投手后面冲劲十足地走着,更别提史坦·姆瑟(Stan Musical)或劳·布洛克(Lou Brock)这些高手。红雀队一垒与三垒上有人,无人出局。甚至我初学棒球的学生们都知道在第二局落后许多对球队不会是好事。我指出道奇队的内野手会反击,会牺牲一次得分以期望来个双杀。孩子们等待着比赛戏剧化的呈现。

突然,沙滩球如雨般落下。这是在美国许多运动场地发生的恼人事件,但道奇球场可能是最糟的违法者。球迷们拿出沙滩球,把球充了气,开始在观众群中击球,时常忽略了坐在他们附近的观众的安全,那些观众可能正专注于球赛。艺琳正注意着球场,看看道奇队是否能阻止红雀队得分,结果被击中了头。她的眼中充满了泪水——不是因为痛,而是因为被飞来之物击中了头而吓了一跳,随之又发现四周的人在嘲笑着她。

我碰碰她的手臂向她解释着。她浑身发抖,困惑无比,其他的孩子也是。孩子们虽然看着打击手,但是也在等着我回答问题。

杰西卡:这是怎么回事?

雷夫:别担心,杰西卡。这常常发生的。

杰西卡:这些人为什么这么做?

雷夫:他们认为很好玩,我猜这对他们来说很有趣。

杰西卡:但球赛本身不是就很有趣了吗?

雷夫：是的,球赛是很有趣。但是不同的人看事情有不同的观点。

正旭：(他留意着所有的事)那告示牌上是什么?

雷夫：什么告示牌?

正旭：我们进入球场时,有一个告示牌说我们不能携带瓶子、武器或沙滩球。我仔细读了两次。

雷夫：或许他们没看到。

对这些孩子,那是无法想象的:参观球赛的人会忽视球场上所发生的事而在看台上玩球,尤其是如此违反球场张贴的告示规定,也可能意外伤及球迷。我们继续谈论着,孩子们指出这种球之所以称为沙滩球是因为要在沙滩上使用,不是吗? 这一群体贴的 10 岁孩子正试图去理解对他们毫无意义的某件事,也很难去解释这种人的行为。

情况恶化了。孩子们留意到在我们这区的多数球迷根本不看球赛了。他们站起来背对着球场。沙滩球的数目像兔子一样很快地成倍增加,而且其中四个在我们这区飞着。当球从一排飞到另一排,球迷们尖声怪叫。一个球击中一位老妇人的头,歇斯底里的笑声随之进出。

在这瞬间,带位员走在各区域不同的走道上使劲去没收那些球。那些服务员多数是年轻人,可能在高中或大学就读,想要赚点生活费。他们努力收回色彩鲜艳的球时,有的观众奚落、咒骂他们。

　　大约在我们前面五排，其中一个球顺着走道滚下，被一个和爸爸在一起的小男孩捡起来。那个孩子大约五岁。一个道奇的职员走上楼梯向他走去。那位爸爸大叫着："不要把球给她！不要把球给她！把球扔掉！把球扔掉！"那个男孩热切地听从他的榜样指示，"啪"的一声把球往离那带位员好几排远的地方扔出去。人群大声欢呼赞叹。

　　最后，有一个只身来看球赛的男士抓住了那个球。众人鼓噪着要那位男士把球扔出去，他却站起来把球交给带位员。结果他们两位招来混杂着嘲笑与粗话的咒骂声。

　　同时，球赛正在进行着，而只有少数在道奇球场第十二区球场内区的人知道。在一次戏剧化的奔回本垒之后，红雀队已经得分。一人出局，一、三垒有人，打击手击出二垒安打，很容易让三垒上的人奔回本垒得分。第一垒上的跑者被挥手示意不要动，但是来自道奇右外野手的强棒接替人员到二垒当内野手去对着捕手，这让奔回本垒有机可乘了。那跑者在捕手附近做出惊人的滑垒动作，当他安全地飞奔到本垒时刚好用左手碰到本垒。红雀队领先，2：0。如果说我们这一区至少百分之九十的球迷没看到这一幕并不夸张。他们正忙着玩……唉，你懂的。

　　这是我们这个时代的症状。我们的孩子生活在一个忽略如何专注的社会，也难怪他们在学校无法专注。在这样的情况下，孩子们甚至必须去看一个父亲教孩子不要专注。如此这般，学校里充满了不能或不要专注的孩子，难道是意外？

那个小孩子把球扔掉,不给那个带位员,引起了一个有趣的重点:他真的是行为举止不好吗? 毕竟,一个人的"小捣蛋"是另一个人的"无赖"。许多聪明睿智的好公民提出了争论:这是棒球赛,买了票的球迷有权利去做任何他们想要做的事。如此的论据应该会被深思熟虑的孩子们所拒绝。年轻人需要去向大多数球迷的坏榜样学习恶劣的品行,这样的说法绝对行不通。在此要强调的是,**鼓励孩子们去发展个人的行为规范,无论是面对运动观众或是其他的人生领域,都要建立起一个强有力、即便面对社会底层民众心态也能站得住脚的行为规范。**

行为的评估见仁见智。但这是事实:今天在学校的孩子们不像昔日那样品行良好或专注。几乎每一个经验丰富的教师直接地看到懂礼貌的孩子越来越少。这问题因为教学地位被蹂躏而恶化,许多杰出的专家也因为日益增加的问题儿童而灰心丧气。想要专心用功的认真学生绝对比不守规矩的同学少很多。在大多数情况,他们害怕展现自己对工作的热情与兴趣,因为这么做所造成的结果,就像那位把球给带位员的男士,他们也会受到同样的大肆奚落。

孩子们建立与发展了行为规范后会更安静。我教所有的孩子——包含我自己的孩子——有关劳伦斯·柯博格(Lawrence Kohlberg)的六个道德发展阶段。柯博格用简单的等级制度鉴定了六种激发人们行为的动机。每个等级是连续的,愈高的等级动机愈复杂,而且对基本的刺激与反应系统的约束力愈来愈少。

阶段一：我不想要惹麻烦。

阶段二：我想要奖赏。

阶段三：我想要取悦某人。

阶段四：我总是遵守规则。

阶段五：我体贴他人。

阶段六：我有个人的行为规范。

孩子们遵循到柯博格提出的阶段六时，就启动了卓越非凡的生命之旅。达到阶段六是一个过程，需要不间断的耐心与坚持。我们不敢偷窃只因警察不在附近？或只是因为我们拒绝参与那种行为？**杰出的孩子总是很专注；他们明白三心二意无法帮助他们实现目标。**他们专注于棒球赛，专心求学。假如我们认为这两者之间没有关联，我们就是在跟自己开玩笑。**成就非凡的孩子把专注力当做个人行为规范的部分。**

艺琳开始咬着下唇。她是非常有趣的小女孩，都是那个沙滩球惹的祸，很少见她这么严肃的样子。每当她烦恼时，她就会咬着下嘴唇，而且有些日子会在她美丽的脸庞上留下咬痕。沙滩球、那个父亲与受虐的球迷让她难过。我想要和她说话，但时机不对。

她需要时间与空间去处理她所经历的。在未来更好的时机,我可能会重新提出这个问题。道奇机构已禁止携带沙滩球进球场。玩沙滩球妨碍了想要看球赛的人,对全力以赴赢得比赛的球员们也是不尊重的。我们应该让孩子明白,会造成这样的结果是因为当今许多人无法专注于看球或说话的问题。电视与计算机的屏幕、手机与其他分心事项所导致的行为——例如:一边付账一边在手机上信口闲谈——那需要一套新名词去形容。有时,那称为“一心多用”,但是,在大多数情况,这只是粗鲁无礼的婉转说法。

游击手接到内野高飞球与二垒牺牲打,结束了第二局上半场,留下红雀队两垒残局。孩子们忙着写记分卡,记下影响得分的失误。

他们可能不明白,但是记分能增进专注于单一工作的能力。是的,我们是在看棒球赛,但学习记录统计数据会增进孩子看、听与记录的能力。不管他们将来成为科学家或艺术家,如此做都能学习到很有用的技能。人们误以为这些学生在学力标准测试表现良好是因为他们比其他孩子聪明。事实上,情况并非如此。他们能非常精确地解答每个问题,分析所有可能的选择,都是因为他们学会了专注。

第二局中场

红雀队出局,两队交换场地时,看台上有更多的人开始喧闹,人们站起来去洗手间或是再去买个热狗。一个大约十九、二十岁的年轻人看到孩子们在写统计资料。

年轻人：嘿，你们在做什么？

奥斯汀：记录分数。好玩。

年轻人：我听说了。我也看到了。你能给我看吗？

奥斯汀：当然，很容易。每一个位置有一个号码。

年轻人：你是说每个球员有一个号码。

奥斯汀：不是的，我是说位置。投手是 1，捕手是 2，一垒手是 3……

我们需要电视谐星艾伯特与卡斯特罗（Abbott and Cos-tello）来开场："谁是一垒球员？"

年轻人：喔，这太复杂了。我只希望能给我的弟弟看。他根本不听我说。

奥斯汀：真的没那么难，只要看一下。我很开心给你看。

年轻人：喔，没关系。再见啦。

这是一个很好的人。他对孩子很友善而且似乎很在乎他的弟弟。然而他却不愿意花不到两分钟的时间向奥斯汀学点东西。或许他的确是饿了，或只是必须去洗手间，但他的话暗示着他认为不值得如此努力。奥斯汀瞥了我一下。我们已讨论过这好多次了，学习新的事物是需要花精力的，那需要专注与渴望。当道奇队上来打第二局下半场，孩子们

44

完全知道下一位轮到谁击球、分数是什么、预期的结果是什么。他们不是棒球专家，无疑，也不是天才。他们只是单纯地接受这事实：专注与努力会让他们的人生更美好。

~~~·~~~·~~~ **书包里的专注** ~~~·~~~·~~~

假如你不想要你的孩子坐在计算机面前，一手拿着遥控器而另一手拿着 iPod，你可考虑放下列的工具在他的书包里。

收音机日

给棒球比赛评分只是个开始，而且不需要在球场进行。你的孩子可以在家里评分，给他的真正挑战是让他听收音机给球赛评分。既然不能依赖视觉，在听球赛评分时便增进了聆听技巧。这是为上课记笔记的技术所做的重要准备。而为了增加乐趣，可以安排全家的阅读活动。古德温（Doris Kearns Goodwin）迷人的书《等到次年》（Wait Till Next Year）值得一读，书中描写她小时候给布鲁克林道奇队球赛做评分，她和父亲如何一起努力的故事。

绝不无聊的记分板

加州大学洛杉矶分校的教练约翰伍德说："进步总是来自改变，但是改变未必意味着进步。"当今孩子们被计算机与电玩迷住了，并且许多专家相信这削弱了孩子专注的能力。

精明的公司摆出高姿态的大量宣传活动,想说服买方相信这些游戏对孩子有好处。好吧,这大概只会发生在美国。多年前,美国传播着骆驼牌香烟的广告,还大吹大擂地说骆驼牌香烟是医生们的最爱。

电视让观众着迷,让孩子们反应程度变迟钝——他们只是被动地观看,而且不需要去专心。计算机也一样糟糕;一个花太多时间盯着计算机屏幕的小孩不会发展出高成就儿童所需的长期专注力。小孩子在电动游戏中输了,可以重新再开始。这很狡猾地教导了孩子:当他无法专注或搞砸了,可以有无限的机会重新来过,把事情做对。问题是碰到考试,或想要在困难的工作环境中存活下来,就没那么容易了。

可以常常玩一些有助于孩子专注与执著于工作的杰出游戏。这些游戏可能没有闪烁的亮光、铃声与哨声,但绝对是了不起的游戏,可以提高孩子坚忍不拔的能力。

跳棋、西洋双陆棋与西洋棋是让孩子进入棋盘游戏之旅的伟大开始。输赢是没有侥幸的。下棋者不但得仔细思考自己的运棋,而且必须考虑对手的战术。

这些游戏都有优点,但是我想要投西洋棋一票。学习把棋下好是特殊的经验。没有其他的游戏能像西洋棋那样有能力去教孩子专注。假如你为人父母,又不是西洋棋迷,最容易成功的方法是让孩子从布莱恩·柏菲尔德(Brian By-field)的精彩好书着手:《每个伟大棋手都曾经是新手》(Every Great Chess player Was Once a Beginner)。这种做法很简单,而且更好的是这本书读起来很有趣。把笑声与西洋棋连在一起或许有点奇怪,但是柏菲尔德的插图与说明会立刻让读者略略大笑,而且学到东西。他的彩色图画包含了和蔼的老主教棋子,他们眼里露出遮遮掩掩的神色,在他们的长袍下,可以看到可怜小兵的尸体,那些小兵是在游戏中被这些看起来品德高尚的老人们"谋杀"的。皇后是凶猛的战士,令人想起《爱丽斯梦游仙境》(Alice in Wonderland)。操作指南的西洋棋解说有趣无比,足以媲美查理·卓别林的电影。

一旦孩子被这有益的游戏迷住了,下一步是在学校或小区找一个西洋棋俱乐部。你的孩子可以和其他孩子做伴,他们会在自己的路上摸索或试图突破集体的想法。在比赛中,运动员精神、耐心与持续的进步都在等待着一个年轻的西洋棋大师去发现。

对任何投入西洋棋的家庭来说,史帝芬·戴利安(Steven Zaillian)1993 年的影片《天生小棋王》(Searching for Bobby Fischer)是必看的电影。这个珍品获得正面评价,同时在 www. rottentomatoes. com 网站上被给予百分之百的肯定。那个网站聚集了来自数百个不同消息来源的影评。这部影片是以裘西·魏兹肯(Josh Waitzkin)的真实故事为基础。一个神童的父亲明白为了让孩子处处赢人,所付出的巨大代价是孩子的快乐,太不值得了。这是一个很棒的方法,不但让孩子对游戏感到兴奋,也学到了有价值的教训。

其他的益智游戏也能培养孩子不同的技能。珠机妙算

(Mastermind) 是一个了不起的双人逻辑游戏,游戏中,一个玩家安排了接二连三的四种隐藏式彩色的密码,而他的对手在一系列的机会中企图破解"密码"。这个富有挑战性的平面游戏是莫迪卡·美洛兹 (Mordecai Meirowitz) 1970 年发明的,他是以色列的邮政局长与电信专家。这个游戏很简单而且有不同程度的玩法,所以能同时取悦低年级学生与高中生。这个游戏五分钟就可以学会,但是要精通此道则需数年的练习。但只要孩子开始玩这个游戏,就会马上变得很专心。这个游戏是一个初级的指引,让孩子理解数学与逻辑观念,像组合、排列,最后甚至是演算。孩子们喜爱玩,而且偶尔与母亲或父亲一起玩,绝对会增强经常需要运动的脑力。

拼字游戏 (Scrabble),对所有的孩子来说当然应该是每周令人难忘的经历。在一个熟练写作与拼字已经越来越少的时代,这个经典的拼字游戏会增进孩子的语言技巧。不管游戏的结果,孩子会习得新的字,强化脑力的耐力。给我一个好的拼字高手,我就会给你一个充满自信的读者、作家与传播者。

不穿比基尼的模特儿

由于当前复杂电子游戏的泛滥,很容易忽略了这个事实:其实愈简单愈好。今天很少有孩子在家或在校忙于组合模型。然而,这项活动对孩子的发展大有帮助。组合模型,无论是汽车、船、飞机或房子,会教导孩子小心地去阅读与遵循用法说明。从成千上百个小型的配件装配成一整个对象,激励孩子去探索宇宙本身的性质。当孩子发现建造的乐趣时,未来的工程师与化学家就诞生了。

　　组合模型方案带来一个更不可思议的结果,那就是感恩历史与祖先如何创造这个国家。孩子在组合五月花号(Mayflower)或亨利福特原始 T 型车的模型时,他开始去评价历史,这是比课本中所教导的还要更复杂的理解。因为目前时常很难找到模型店,从网络上订购好的模型可能会更快。像这些网站:www. hobbylink. com、www. revell. com 和 www. ehobbies. com,只是其中一部分,你会发现大量的模型迷住了年轻的组合者。对孩子来说,一起忙着组合对象,遵循用法说明来创造组合,确实地与他人谈话、倾听,是最美好的一件事。

愚人节的考验

　　这不是原来的本意,而且许多教师在教学生涯中可能因为某些观点而跳过。对那些支持孩子在学校努力用功,甚至提供在家学习的父母,愚人节的考验是一个有趣的方式,可以教导任何年龄阶段的学生注意与遵循指引的重要性。教师也可以非常有效地利用这个考验,因为当一群学生参与其中,结束时会有很多笑声。

　　在 4 月 1 日,提醒孩子学力标准测验即将举行,告诉他们你有些练习方法可以帮助他们准备。轻松自在地进行,冷静地向他们保证这小小的考验只是为了好玩。因为这是为孩子即将参加的真正考试做准备,告诉他们要遵循指引,考试中不要讲话,并且答完试卷时保持沉默,直到你收卷与阅卷评分。

跟大家开个玩笑:这是个恶作剧的考试。先列出大约四五行的指引,然后间隔一行,在下面加上一系列的有标题号的问题。大多数的孩子会迫不及待地跳过指引,立刻开始作答第一题。指引应该是像这样的:

这是个看你能否遵循指引的测验。赶快作答,因为你只有15分钟去完成。开始前,确信你阅读完测验上的每个问题。当你全部完成25道问题,你可以把铅笔放下,去读一本书。祝你好运,并记得尽力而为。

许多孩子不会去留意第三句话,那句话告诉他们:在开始前,先阅读每个问题。

1. 写下你的姓名。_____
2. 你住在哪一州? _____
3. 你的生日是哪天? _____

到目前为止,一切都还顺利。学生们时常单纯地填下第一个问题,因为那格式似乎如此明显。而第四个问题,看看孩子是否能遵循指引——无论那件事情有多愚蠢。

4. 脱下鞋子放在桌上。

5. 站起来,面向东,大声地说:"我爱金刚与哥斯拉。"

6. 你有多少兄弟姐妹? _____

……

令人惊讶的是假如被要求的话,特别是在安排妥当的状况下,会有多少学生照做不误。设计几个或多个夸张的要求。不过还是要留一些正常的问题让孩子持续地做下去。最大的乐趣来自最后一个问题:

25. 不要做前 24 个问题。让试卷空着,把铅笔放下,保持沉默,看看你是否让自己成了在愚人节受愚弄的人。

你的孩子最终可能会嘲笑他自己,明白假如他小心地遵循着指引,这整个情况是可以避免的。假如这测验规划得很有趣,结果就不会有人感到受创,而且可以习得有价值的教训。那些没上当的人是有效的专注者,所以,愚人节中无论受愚弄与否,每个人都是赢家。

机敏心灵的文学

查尔斯·杜德利·华纳(Charles Dudley Warner),美国的散文与小说家,写道:"**不具备机敏心灵的书是不值得一读**

的。"为乐趣而阅读的孩子比大多数只阅读指定功课的孩子拥有更多的热情与持久的专注。令人鼓舞的是看到许多家庭已开始了读书俱乐部。住在帕萨迪纳的玛莉艾德伦有两个乖巧的女儿，凯蒂和安妮，多年前开始了读书的社团，该社团包含了几个一起读书的家庭。他们首先选了初级的文学作品，认真阅读这些书，然后每周聚在一起讨论。

在这些家庭俱乐部，不为学校的功课或看似出色的履历表而阅读。阅读仅仅是丰富了娱乐。为阅读而切割时间听起来好像没有必要，但是这些日子，已经比以往虚度的时光更为重要。可怕的是，许多学校实际上已宣布娱乐性的阅读为非法。尤其在小学阶段，学校与出版商签了合同，必须使用基础读本去教阅读。部分的合同内容是其他的阅读资源必须从教室里移开。我在全国各地遇到优秀但却非常沮丧的教师，他们有"文学教练"到教室里，指导班级领导者去遵循基础阅读的课本。实际上，许多教师必须偷偷地和班级阅读出色的作品，以避免因没有使用一些学区选的八股教科书而被谴责。

想给孩子更多的家长们必须亲自参与孩子的教育。娱乐性的阅读有助于学生精通各种专业，从艺术作品到科学实验。延长阅读的时间，然后与同伴讨论内容，是加强专注力的无价练习。

对小学生而言，推理小说是特别刺激有趣的。读者必须小心地为线索去挖掘内容，因为每个谜团都需要被逐一破解。可考虑的出色的推理小说——埃伦·拉斯金（Ellan

Raskin)得纽伯瑞(Newberry)奖的《威斯汀的游戏》(The Westing Game)。这本小说充满了诡计与幽默,譬如主角是一个出色但顽皮的十几岁孩子,名叫德朵·维丝勒,因为要继承两亿财产,必须试着去解决一个谋杀之谜。她必须专注地去解决那个谜,而且你的孩子会站在德朵的立场,专注她走的每一步。

另外还要确认所有的孩子都阅读了塞林格(J. D. Salinger)的杰作《麦田里的守望者》(The Catcher in the Rye)。在第十章,有个非常滑稽可笑却可悲的时刻,霍尔顿坐在一个萧条的夜总会里("乐队糟透了"),与一群他叫做"三位巫婆"的外地女孩跳舞。当霍尔顿和三个中最有魅力的女孩跳舞时,他想开始和她谈话,但是她正拉长着脖子想要去看一位影星。每次霍尔顿一开口,她的反应都是:"什么?"实在非常滑稽好笑。最后,霍尔顿讽刺地告诉她,她是一个很棒的交谈者。"你说什么?"她回答着。

和年轻人一起阅读这本小说,而且听他们愉快地咯咯笑是很有趣的。他们不仅嘲笑霍尔顿也嘲笑他们自己,因为每个孩子都碰到过想要和一个沉迷于 iPod 世界的朋友开始谈话的挫折。"什么?"是在学校里最熟悉的反应,在学校里有太多孩子忘记了或从未学会专注。

在埃及的底比斯图书馆的门上方刻的文字陈述着:"心灵之药"。文学令人喜悦,也该是孩子每日生活的一部分。为读书会聚在一起,或在晚上和孩子一起阅读时,别忘记大家常说的马克·吐温的话："不阅读好书的人和不能阅读的人一样没有优势。"

一起参与乐团

关心孩子的父母问及他们要如何做才能帮助孩子更专心时，我总是给相同的忠告：给孩子一张图书馆卡和一个乐器。对任何一位年轻的音乐家，回报是无限的，但是对这个决定的目的，还是让我们固守着专注的主题。

孩子在练习乐器时，会得到其他课程很少发现的东西——立即的反馈。他在脑海里听到一个旋律；他的思维知道他正在创造这声音。弹错一个音符时，音乐家就能立即听出错误。大多数的工作并不是这种情况。学生时常把许多数学问题做错，在老师或家长逮住错误以后，还在费时消除损害前会不断地重复着的错误（有时甚至把错误归咎于记忆）。然而，借着音乐，就算成人不在身旁指点，孩子也能理解一个过失造成的原因。来自耳朵的立即通告激发演奏者去专注，一再尝试，直到听起来是正确的。

与 CD 光盘一起练习会增进时间的安排和音准。在我的班级，吉他的初学者学习维瓦尔第（Antonio Vivaldi）华丽的 D 协奏曲第二乐章。每个音乐家不但拿到一份乐谱，而且能拿到一张由专家演奏那首曲子的 CD。他们每晚跟着专家演奏，专注程度不亚于一名外科医生，渐渐地，初学者的表现听起来就会像个专家。

额外附加的好处是一旦学生合格了,他仍然必须和其他人一起练习。年轻的音乐家发现每个人都弹奏着相同的乐曲,但是随着每个演奏者不同而有不一样的时间安排和音调。在一个孩子卧房里听起来出色的歌曲,可能比不上 12 个孩子一起弹奏时那样优美。他们必须互相协调与倾听对方,直到每个孩子都进入其他音乐家同伴的心灵世界。他们此时极为专注,最终听起来合而为一。音乐之美与孩子们的快乐是值得重视的。

艺术的问题

聪明的父母和导师会鼓励年轻人去做他们所喜欢做的。孩子们有伟大的梦想是好的,但是对细节缺乏巨细靡遗的注意,这些梦想很少能成真。一支画笔或一本写生簿是很好的工具,可以帮助孩子达到更高程度的专注。如此有条不紊的训练可以在当地博物馆的星期六艺术时间或在高中的艺术课进行。假如一个小孩埋首于艺术,在一幅画挂起来的多年之后,仍然会继续有回馈。这只是一项活动,却给年轻人提供了一个机会,让他能掌握住最基础最重要的观念。这只是一个机会。**艺术能敞开大门,但学生仍然必须自己走进去。**

乔安娜是个喜爱尝试新事物的高中生,因此她参加了一个陶艺课程。从第一次接触到黏土,乔安娜就找到了真爱。她一向是各门不同学科的顶尖学者,而且对法文特别着迷。不过,她对陶器的认识唤醒了她的热情。尽管她并不想把艺术当做事业，但她立即知道她终身会是个陶艺家。

她与学校的警卫沟通，允许她在晚上工作得晚一点，有些夜晚甚至过了11点钟。她解释说上课时间太吵了。他们在工作时，其他的孩子把音乐放得很大声，或在跟朋友讲话。乔安娜渴望安静，她讨厌分心的事。虽然她天生是个合群的少女，而且朋友和她在一起大多数是欢天喜地的，但在艺术创作时她只想要安静。这样日复一日，周而复始，她发展了真正的天赋。她的作品受到瞩目，赢得了奖赏。

在那年，她的学校选出该校十位最好的艺术家，并在一个鼓励新晋创作者的展示中加以特别报道。所有这些天赋优异的年轻人都创作了美丽的作品。所有的人都牺牲一切、努力工作。但是没有人像乔安娜那样专注，这使得她与众不同。她的作品精美绝伦，看起来就像纽约市大都会博物馆的礼品店里你渴望购买的艺术品。

那是个美极了的展览，但是对其他九个艺术家你不免会感到一些遗憾。所有观众都环绕着乔安娜的作品。他们的眼睛盯着她出色的作品。她的专注唤起了他们的专注。

你可别认为乔安娜的专心致志是那种像机器人一样的，犹如奴隶般专注于工作。她一直是一个疯狂的人。乔安娜不喜欢早上起床去上学，所以在晚上她会穿着校服睡觉：这样她可以从床上爬起来直接去上课；她会和别人开稀奇古怪的玩笑；但是作为小孩子，她也玩西洋棋与拼字游戏、组合模型；竖笛是她主要的乐器，同时她也涉猎吉他弹奏。多年来她总是在书包里携带这些东西,而那些她花在专注上的时间最终让她拥有创造出色艺术作品所需的专注力。

现在她就读于布朗大学。她花了一个暑假在法国读书。在那儿,她和她的法国寄宿家庭一起做早餐,下午她会小酌几杯,而她在空闲时间会尽可能地出去多看看这个国家。但是假如她的白天时间用来漫游,晚上你就会看到她排开一切,躲在里昂的一间小工作室里,坐在一个陶器拉环轮前,继续让世界变得更美丽。

～～～～第二局结束～～～～

道奇队没有得分,这对道奇球迷来说不是好事,但对刚入门的记分员来说却很好。因为大多数的球员没有到达本垒,追踪这局就容易了。我很快地瞄了一下孩子们,显然他们玩得非常开心,但是艺琳仍然咬着嘴唇。别多嘴,我告诉自己,不要管她。她可以自己把事情想清楚,但是并非每件事都得在那晚完成。

突然,她问我,在两局间的休息时间,她是否可以离席到走道下面拍张球场的照片。她从小包包里拿出一个小相机,我并不知道她带了相机。

艺琳:我只是要到下面那儿。一会儿就回来。杰西卡,跟我去。

雷夫:艺——琳! 酷! 你什么时候变成摄影师的?

艺琳：上星期我去图书馆找到一本我很喜欢的书。它告诉我各种拍出好照片的秘诀。我还没完全学会，但是其中的秘诀提供了好摄影师要记得的规则。我想要试试看管不管用。

雷夫：好吧。小心，你们两位。

我看着她们走下台阶。幸好，那时的球场仍然很空，所以很容易让她们顺利通过台阶。我看到艺琳和杰西卡拍了几张照片，然后再回到她们的座位。最好的是，艺琳不再咬着她的嘴唇了。

我必须问她一个问题。

雷夫：艺琳？

艺琳：什么事？（准备好要给第三局评分。）

雷夫：你谈到的关于摄影的规则是什么？第一条规则？

艺琳：规则一：靠近些。

一如往常，我又错了。我认为沙滩球事件让这个小女孩的垂头丧气，而且我心里正估量着在未来的日子里给她一个振作起来的谈话。我不需要去担心了。艺琳已为她的"生活守则"增值。在专注地靠近一些时，她会忽视沙滩球与其他不必要的分心事件。

第三局

高瞻远瞩

第三局快要开始了。红雀队想办法再得分。太阳下山了,但是在洛杉矶仍是宜人的夏天傍晚。学生们穿着运动衫,一副很舒服的模样。

在中场休息时,大多数的球迷注视着左边球场上方,巨大的三菱电机的超大屏幕持续地播放着一连串的商业广告,声音震耳欲聋。

1962年经典的影片《战略迷魂》(The Manchurian Candidate),参谋中士雷蒙·德萧有个权威的言论,每个想要表现杰出的孩子该时常拥有的一个观念:"你是否留意到人类被区分为明显的、对立的两个群体? 有些人一走进房里即自动打开电视机,而另一种人是一走进房里即自动关掉电视机。"

父母们,**电视正扼杀着你孩子的潜能。**

这样说似乎太明显、简单又直言不讳。如同《我们的小镇》中,墓地的死者开始说话时,舞台经理警告着观众:"他们所要说的某些话可能会伤害到你们,但是事情就是那样。"**每个人似乎都知道孩子们不该花太多时间在屏幕前,但事实上**

59

他们就是如此，而且这么做会对孩子造成潜在的伤害，但我们并没有尽力去防范这件事。

红雀队在第三局上半场击球时，一群球迷来到我们前面几排的空位坐下来。要去注意着他们是很费劲的。他们已经迟到了，而且在找到座位时，他们仍然站着讨论谁该坐在哪儿。在许多棒球场，例如圣地亚哥的沛地哥（Petco）与休斯敦的米纽特美德（Minute Maid），有一个贴心的策略：入口的带位员会礼貌地要求球迷不要在打击手上场时找位子。这是对其他球迷的一种礼貌，观众要等到换打击手的空当时才能去找位子坐下。假如观众自己坚持遵守这样的规定，那球场的秩序就会很好了，但是并非所有的观众都能如此的贴心，许多球场要花时间去提醒观众替他人着想。但是，在这场球赛开赛前，道奇球场并没有这项规定，结果，凯萨、奥斯汀和朋友们只好看着记分板以追踪球赛的进行，因为他们的视线被新邻居——那些仍然站着数分钟的人——挡住了。

这批迟到的人一共有四个，大约 30 岁左右，还有一个四五岁的小孩。那个蹒跚走着的小孩拿个电子游戏机，被安排坐在靠近走道的位子。他低着头猛按着按钮，完全没有注意周围所发生的事。这小孩不会知道在棒球场或在动物园有什么不同。凯萨看看他然后瞄了我一下，他的眉毛扬起。凯萨的父母严格规定他在家里用计算机看电视的时间，而且他明白父母为何如此坚决。他很难理解为何其他的父母允许屏幕成为掌控孩子一生的主力。

只要上网络搜寻,就会出示许多来自全世界儿童健康杂志涉及此问题的文章。每个国家、每种杂志统计数值可能稍微不同,但结果都相同:看太多电视对所有人都不好,特别是对年轻人影响更大。

依据大多数专家的统计数据,很多孩子一天大约花七个小时在盯着电视或计算机。研究发现当今百分之七十的孩子在卧房里有电视机,而比起那些卧房里没有电视机的孩子,这些孩子在标准语文与数学能力测验中低 7～9 分。增加看电视的时间,与孩子从大学毕业的百分比降低之间,也有直接的关系。这令人恐惧的统计数值持续上升。超过半数的美国家庭甚至是在没有人观看时还让电视开着! 这个研究也表明**电视的坏处在于切断社交人脉,显示来自富裕家庭的孩子与来自贫穷家庭的孩子承受同样多的苦。电视拒绝一切,而每个沉迷其中的人都深受其害。**

的确,电视上也有优质的节目。像《历史频道》非常有教育性。烹饪频道、纪录片与一流的戏剧制作十分精美。而且,有时候我们会找到适合学龄前孩童的出色教育节目,并且引以为证:观看此特别节目的孩子在小学时表现比较优秀。

但是,大多数电视节目并没有鼓励孩子主动参与,或要求他们仔细观察。一部伟大的纪录片能开阔孩子的视野,而15～20 组的真人秀、毫无价值的连续剧或名流新闻杂志节目,根本就该转台或关机,更别提商业广告了。让小孩子自已判断哪些节目有用，哪些节目浪费时间，就是灾难的开始。你的孩子很可能最后会选择垃圾节目而非优良节目。

　　尽管电视上只有很少的好节目，但事实上孩子们一天大约花七个小时专注于一个对他们的发展有危害而且不健康的活动。这是抚育孩子遇到的最困难的问题之一。电视的力量真是吓人。今天，有些孩子认不出总统是谁，却能唱出30首电视上播送的广告歌词。"老大哥"（Big Brother）不但在控制，而且堵塞年轻的心智。

　　任何抚育孩子的人已经了解屏幕的毁灭性。我定期地带一群孩子去俄勒冈州参加艾许兰（Ashland）的莎士比亚节。对孩子来说，那是一个很棒的地方，可以看戏，学习有关剧院的知识，也能玩得很开心。通常是约有50位学习莎士比亚一年的孩子才有特权参加这个庆典活动。他们在艾许兰停留10天，活动包含剧院、游泳、阅读与玩足球。有一个下午，在一次特别的旅行中，许多学生计划去看《奥塞罗》（Othello），而其他的则自由活动。有些参加了在当地公园举行的激烈足球赛。其余的在游泳，还可以边晒太阳边阅读《爱丽斯梦游仙境》（Alice in Wonderland）。一个名叫迈克的男孩决定留在旅馆里，在房间里看电视。

　　后来，学生们参与了晚上固定的会议，在睡觉前讨论白天的活动和收获。孩子们一面吃喝着牛奶与饼干，一面讨论《奥塞罗》的剧情。大多数人认为很精彩。有些人则不喜欢女主角德丝德蒙娜（Desdemona）的表演，但是仍然喜欢那出戏。那些足球运动员讲述着他们白天的故事引来一阵阵狂笑，而几个女孩咯咯地笑谈她们爱上的一个救生员。当我听到迈克选择看了三个小时的电视，我问他看了什么。他什么也不知道。他无法说出任何节目的名称，或甚至描述他看了什么。他很沮丧，别的同伴对他也很失望。

任教超过四分之一世纪之久，教过数以千计的学生，我见证了些学生的成长规律。恒久不变的是在每个班级都有低成就的学生。很多学生都是好孩子，他们来上学，并不特别捣乱或脾气暴躁，但他们的成绩却不够好。他们在数学测试上只做对百分之七十，其他不太聪明的同学却全对了，而且这种规律重复出现在所有科目。**几乎在每种状况中，这些低成就的学生就是那些花许多时间看电视玩电玩的孩子。屏幕阻碍了孩子发挥他最大的潜能。**在研读莎士比亚时，我听到几位专家把悲剧定义为：不仅仅某件事是不好的，而是不好的那件事原本应该是好的。哈姆雷特死时我们哭泣，因为他是个很好的王子，而且原本可以成为一位杰出的、众望所归的国王。给电视的破坏力贴上悲剧的标签并不言过其实。这些令心智麻木的事例，说明了为何关心孩子的父母和教师如此沮丧，并且合情合理地想尽办法让孩子不要沦为屏幕诱惑的猎物。

我认识一位教师，他是个很有热忱的年轻男士，在旧城区的政府机关工作。他具备所有教师该有的特质：开朗、热切，关心与渴望去改变一切。有一年，他留意到一位五年级学生从未完成家庭作业。一个又一个早上，在收指定家庭作业时，这位眼睛发红的少女会咕哝着作业还没完成。

最后，这位教师无法忍受了。电话与书面通知家长也没让情况得以改善。在一个傍晚，他敲开了那个学生的家门。那位母亲开门时，这位教师并不诧异看到那个孩子正坐在电视机前面，手里拿着一盘食物，盯着屏幕，大口大口狼吞虎咽。

这位教师向母亲解释她的女儿表现落后，她的学校功课必须改善。母亲响应说这个 10 岁的小孩每天晚上都看电视，几乎到清晨两点钟！就在教师表示震惊之前，那位母亲已举起双手表示投降，无奈地说："我能怎么办？"

这位教师告诉她所有该做的事：身为父母，她有权力关掉电视。至少，她要确定孩子在看电视前完成作业。那位母亲答应了，但是，又过了两天孩子还是没交作业，这位教师再度去敲开她家的门。

他提醒那位母亲所做的承诺，但是，答案又是："我无能为力。"

"好吧，"这位有热忱的教师说："我来解决。"

于是他拿走了他们的电视！

不是开玩笑的，他拿起他们的电视，然后走出那屋子。

对那些为孩子们呕心沥血、勤奋工作的人，你必然喜爱这非比寻常举动背后的热情与感受。任何人都会因为这位教师特立独行的想法而加以称赞。但是，在喝彩声停止后，我们必须更进一步去探讨。这位教师的举止是可理解的,但是,那不是好的教育。事实上,那不是教育——那是恃强欺弱!

养育孩子的最终目标是让他自己关掉电视机。我们可以从上瘾者那儿拿走香烟或酒瓶,但是,那不治本。而且,除此之外,我们几乎无法消除电视的威胁。它就在那儿,事实如此。**真正的挑战是教导孩子为何电视会夺走他的潜能,同时让他自己做决定。**如同这本书中所讨论的细节,这要花费时间。我们提及在孩子的书包里放入特殊技能,重要的不是他放进去什么,而是他要放弃什么。**当孩子选择限制自己在屏幕前的时间,就是增加他找到康庄大道的机会。**

第三局中场

第三局上半场,红雀队又得分,而且以3:0领先。如同运动球场上正常的活动状况,当半局结束,来自场外巨大屏幕的音乐与电视影像便开始攻击着观众。事实上,没有人在交谈。播放的声音是如此之大,根本不可能听到什么。那些年轻的学生忙着自己的记分单,而且确信打击得分的红雀队拿到打点(RBI)的荣誉。

在所有的孩子中,凯萨是最大的棒球球迷。他密切注意着道奇队,而且一星期有三次在一个颇有组织的球队里打球。在班上有关电视的讨论中,这位少年一向是个领导人物。有一次,他恼怒地抱怨:"你可以真正地打棒球时,为什么要玩电玩的棒球？"

假如你和孩子去看球赛，在两局比赛间歇有父母能用于教学的时机，可以逐渐灌输孩子要如何避免屏幕的干扰。在这特别的休息时间，屏幕上闪烁着一个游戏，观众试着去猜，三个贝壳中哪一个下面藏着一个棒球，模仿自嘉年华的一个节目。巧妙的制图与亮丽的色彩让观众赞叹不已。凯萨向我投来他龇牙咧嘴的招牌表情，然后继续做棒球统计数值的表格。

告诉孩子关掉笨蛋电视因为"我说了算"，这样的效果跟告诉他们"向毒品说不"差不多。解决的方法比那更复杂。应该包含温和但坚定的一连串讨论。让"电视不应该支配一个人的人生"这样的概念发芽，最后帮助孩子自己关掉电视机。依据这样的行为模范，父母能鼓励这种子发芽生长。

偶尔，一个幸运的得分好球正好击中本垒。在 2007 年 10 月，56 号教室的学生正在观看红袜队的锦标赛，在两局间的休息时段，镜头捕捉到红袜队球迷、也是获奖作者的史蒂芬·金（Stephen King）在阅读。一个记者问他为何这么做时，史蒂芬·金回答，在球赛中通常他能阅读 18 页，但是因为福斯电视播出的节目商业广告比较多，这样就给了他阅读 27 页的时间！对孩子来说，看到这一幕是好的。我们这些在想办法对抗屏幕的人需要这样的精神楷模。

第三局下半场

这局的下半场开始了。我们前面那个小孩子继续玩着电子游戏,和他在一起的四位男士每人喝着第二瓶啤酒。我的学生们对前一个小时两局间强迫推销的商业广告与无聊节目的猛攻处理得很好。

教导孩子区分该看什么与该什么时候看,是孩子应该精通的必要技能,而且是随时随地能习得的技能。课程可能于下午 3 点结束,但是学无止境。与我一起看球赛的学生并不是以三个简单的步骤去控制看电视的习惯。相反地,他们聪明的行为是来自渐进地、稳定地深思课程的结果。

指出有多少电视屏幕在不需要的场合出现是很好玩的。电视机出现在体育馆、餐厅甚至在车子里。现在,电视出现在超市或加油站,强迫正在排队付账或把油箱加满的人们观看。假如它不是如此令人恐惧,会是很好玩的。杰西卡和艺琳曾经告诉班上,她们在餐厅的洗手间看到电视。他们咯咯地笑着,几乎控制不住自己:"谁会在马桶上看电视?"

上一个秋季,参观球赛的孩子和 25 位同学一起去华盛顿特区旅行。行前,孩子们已认真地研读美国宪法、美国历史和他们要参观的纪念碑与纪念馆。但是,历史只是远足"聚焦"的部分,同时还包括学习与实施生活技能,如整理行李、旅馆住宿登记,当然还有限制看电视的时间。如果把时间花在看电视上就违背了旅游与实地教学旅行的目的。旅行是为了探索新的冒险,欣赏目的地的景色。而电视到处都可以看到。

在登上往华盛顿的飞机之前,孩子们有个极好的经验。

票务员非常惊讶看到他们有条不紊地把行李袋贴上卷标,而且放进电子扫描仪之后,排好队等候通过安检。看到一长排的小孩,一个运输安全管理局的工作人员开口了。他的问题对孩子来说有点令人恼怒但是可理解的。你要想到这位绅士惯于处理的学校团体总是很混乱粗鲁,而且是没完没了的横冲直撞。

运输安全管理局:安静!(孩子们并没在说话)把书包和鞋子放在输送带上。把手机和电玩从口袋里拿出来。

孩子们:我们没有电玩。

运输安全管理局:别耍我。我们会找到的!

孩子们:我们真的没有电玩。

(他们开始通过安全扫描器。)

运输安全管理局:(检查登机证)你们要去华盛顿特区?

孩子们:是的,我们是要去那儿。

运输安全管理局:那是长程的飞行。太惨了,你们老师不让你们带电玩。

孩子们:假如我们想带的话可以带的,我们只是不想。

运输安全管理局:(困惑地)我不懂。

孩子们:先生,祝你有个美好的一天。

孩子们留意到成人们把屏幕的压力放在他们身上。如果他们不像在棒球赛中带着电子玩具的小男孩,人们就会认为他们"不可思议"。我们进入机舱后,类似的状况免不了又发生了。看到这群孩子,一个相当细心的空服员走向我。

空服员:你有多少人?

雷夫:一共33人,两个成人。

空服员:(有点不安)嗯,我们可以给所有的孩子 DVD。

雷夫:为什么要那样做?(孩子们看着、听着。)

空服员:好给他们一点事做。

雷夫:不用了,谢谢你。他们有事做的。

空服员:飞行时间将近五个小时。

雷夫:他们有书。他们要读书。

空服员:真的吗?

这不是那空服员的错。她只是被恶性循环影响才鼓励孩子看 DVD。今天孩子们时常自己不守规矩,而且这个问题在长程的飞行中更严重。诸如阅读与填字游戏的消遣已被许多人认为是完全过时了,所以空服员除了把屏幕丢给孩子外,也别无他法了。让孩子们看到这幕是好的。让他们看到是什么样的力量在强迫许多孩子一天看七小时的屏幕。

当飞机开始在华盛顿特区降落时,孩子们发现了更吓人的事。扩音器广播着请关闭所有手提式电子用品。耳机收走了,手提电脑收起来了。然而,电视屏幕上仍播放着《戴维赖特曼的深夜访谈》(Late Show with David Letterman),风趣的主持人正访问着一位名人。只不过没有人戴着耳机，而且也没有声音，即使不知所云，大多数人仍然继续看着电视屏幕。他们完全不懂内容，眼睛却仍然看着脱口秀。像这样的事例在提醒小孩，远离屏幕是比较健康的。

高瞻远瞩

看到年轻人能够通过"电视初级班"这堂课，往更高层次思考是很有趣的。接下来那个星期，在华盛顿特区，有些孩子问是否可以看电视新闻。有一个晚上，他们打开 CNN 新闻频道看看全世界发生了什么事。电视一打开就给那些把屏幕当焦点的人当头棒喝，头条新闻是关于一些在电子用品店前面打起来的成年人，他们为了要取得购买最新电玩的机会而扭打成一团。孩子们都在一旁静静地看着。

显然这些成年人的行为根本就是疯狂愚蠢的，为了抢购圣诞礼物而演变成暴力行为。然而，聪颖的结论是有些孩子开始觉得奇怪，到底谁有权力让这条新闻成为当天最重要的消息？在同一天，美国在伊拉克打仗，士兵们奋力作战、死亡，而在非洲数以千计的人死于艾滋病。学生们发现一个令人惊吓的事实：**电视不但浪费一个人的时间，而且狡诈地塑造了我们的价值观。**就是这种潜意识的教唆，误导我们的心智去相信运动员比全球变暖更重要，或为游戏主机争执比更重要的世界新闻还值得重视。

经过不断地揭露与讨论，让这些年轻人明白这种影响的危险。从没有人需要去拿走他们的电视机。他们有知识与能力去管理自己。

为了博君一笑，请确信孩子们记住马克思（Groucho Marx）的一句话："我发现电视很有教育意义。每次只要有人打开电视机，我就走进另一间房间开始读书。"

让孩子远离电视

把孩子养育成足以抗拒无处不在的电视是永不止息的战争。良好的父母沟通技巧，包含以身作则和关掉电视机的晚餐谈话，是帮助孩子免于被"老大哥"控制的秘诀。这里有一些你能做的特别事项，好让孩子免于沦为被电视诱惑的猎物。

设定合理的限制（不需有刺的铁丝网或手铐）

孩子需要帮助，以抗拒电视机引人入胜的力量。为了帮助一个年轻人建立不以屏幕为中心的人生，设定始终如一的限制是必要的。美国小儿科学会（The American Academy of Pediatrics）提供了数个给父母的建议：

- 设定孩子观看的时间限制。
- 平日的晚上，即使家庭作业已完成，也不可以看电视。
- 坚持原则。不要改变规则。电视上没有什么事会重要到足以让你改变家里的规定。
- 预先设定观看电视的时间表。不要让孩子随意地观看与搜索频道。

- 卧房里不要有电视机、录放机与计算机游戏。
- 电视是最好的家庭活动方式。一起观看有价值的节目，节目结束时一起讨论。鼓励孩子针对他们所看到的电视节目提出问题，下结论并做评估。

拯救者的文学，而你是南森船长

对那些养育小孩的人，克里斯·凡·艾斯伯格（Chris Van Allsburg）的《悲惨的石头》（The Wretched Stone）是一个优秀的故事，它能帮助孩子认识到电视的危险。或许克里斯·凡·艾斯伯格最著名的杰作是《极地特快》（The Polar Express），但是《悲惨的石头》更有教育意义。这个聪明的故事是依据一艘船的航海日志所写的系列故事。全体船员在岛上发现了一块神秘的发光石头。他们对那块石头非常着迷，最后他们把它带上船，除了盯着它令人迷惑的光辉，整天无所事事。那些人忽略了例行工作，那艘船开始迅速地退化。全体船员丧失了雄心壮志、理想抱负，最后变成了大猩猩。由于他们的疏忽，那艘船和全体船员几乎被一场暴风雨所摧毁。但是，南森（Nathan）船长激励他们回到阅读与玩音乐的充实快乐的日子，拯救了所有人。小孩子喜爱那稀奇古怪的象征主义——他们变成了大猩猩。一旦孩子明白了电视的危险，这样的发展似乎就不算夸张。美丽的插图能取悦年幼的读者，鼓励他们去留心克里斯·凡的警告。而且提醒父母,所有的孩子都需要一个南森船长去帮助他们安全地驾驶着船。

另一本完美的书籍能帮助年纪稍长的孩子有所领悟,那便是乔治·奥威尔(George Orwell)有趣但结局不幸的小说《动物庄园》(Animal Farm)。你可以和五年级学生一起阅读,看他们能否了解这个有关滥权的寓言,或与高中生一起探究俄国的历史背景。奥威尔这部伟大的讽刺作品关注着心智控制的问题。学生可以研究史奎乐(Squealer)的个性,那是只"能把黑的变成白的"宣传猪,学生会**学到在不假思索前就信以为真地接受一切信息前再次深思**。一旦学生阅读与消化了《动物庄园》所提出的训诫,就不会忘记。对孩子来说,这是好事。而对那些想要孩子停止自己思想的强势宣传者来说,是个坏消息。

在读书会或家庭阅读时间,要确定中学生阅读了雷·布莱伯利(Ray Bradbury)精雕细琢的《华氏451度》(Fahrenheit 451)。在雷·布莱伯利噩梦似的未来景象中,消防队员不灭火而是纵火:烧毁图书馆是他们的工作。这本书的主角,盖·蒙塔(Guy Montag)是一个消防队员,他渐渐地开始去质疑这毁灭性的行为。人们时常把这本经典小说当成对审查制度的强烈抗议来阅读,但是,雷·布莱伯利自己陈述:这个故事最重要的是关于电视的威胁。在《华氏451度》里所描述的社会人士不去思考或质疑。相反,他们日日夜夜看着客厅里的电视,娱乐节目迷惑着他们,更任凭政府去控制他们的思想。这些屏幕的力量是如此强大，结果蒙塔的妻子很不开心，因为她卧房里只有三部电视机。她拼命想要拥有第四部电视机，如此一来她就能完全被电视机包围了。每个晚上，人们固定地盯着他们的电视屏幕，观看着毫无意义可言却浪费时间的电视节目。现在，人们只需要一点点想象力，就能把在《华氏451度》中被追逐钉牢的人，与目前有线电视无处不在的新闻报道，令人不寒而栗地连在一起。这本书的故事情节极为精彩又骇人听闻，绝对能震惊那些屈服于电视的年轻人。

影片时间

有两部出色的影片有助于引导中学生去理解电视的危害。薛尼·卢梅（Sidney Lumet）1976年导演的经典影片《荧光幕后》（Network）赢得了奥斯卡最佳剧本奖，剧本是派迪·柴耶夫斯基（Paddy Chayefsky）所写的。虽然这部影片是25多年前拍的，但直白讽刺的尖锐言语甚至在今天可能都比当年首演时更受人瞩目。《荧光幕后》令大众震惊的是展现了电视制作人只在乎收视率与利润。说到预言！在这部影片，恐怖分子甚至与电视制作人谈判，好让他们有15分钟露面的机会，最后还获得黄金时段的播出。《荧光幕后》（一部适合由成人引导心智成熟的高中生看的影片）强迫观众去思考，支持这样一个鼓励歪风邪道的机构多么荒谬，而且能激励年轻人拒绝支持目前价值观相似的各种电视节目。

不过,想要教育学生,更好的是去看罗伯特·雷德福(Robert Redford)1994年出色的作品《益智游戏》(Quiz Show)。依据李察·古德文(Richard Goodwin)1950年比赛节目丑闻的报道,这个真实的故事充满了可信赖与本质上是善良的人物,他们屈服于上电视的机会所提供的强烈诱惑。在观看这部影片前,让你的幼小思想家答应要记住它的广告词:"五亿的人都看了,但是什么都没看到。"

卓越非凡的年轻人未必比他们的同伴更聪颖;他们只是发展了更敏锐的眼光,而且把事情看得更清楚。

第三局结束

幸好,有些孩子拒绝被电视控制,而凯萨是一个完美的例子。他很兴奋,因为他的道奇队真的勉强得了1分,而且把得分差距拉近成了3:1。凯萨几乎从不看电视。父母教导他要当心看电视会造成的危险,因此他发现了更好的事可做。在他们追求的美国梦里,电视占了极少的空间。凯萨因为很多理由不看电视,但是最重要的一个是他的姐姐崔西所立下的典范。

容我再强调一次:"**卓越非凡的孩子达到顶点,是经历了多年的磨炼,而非瞬间达成目标。**"我第一次遇见崔西是在六年前,当时她是我五年级的学生。她是一个美丽聪颖的少女,渴望把功课做对,乐于参与班上的讨论。崔西很聪明又用功,但是她班上其他的孩子也是。不过,她仍是两颗最耀眼的星星之一。虽然其他的学生能算得更快、跳得更高，或写得更富创意，毋庸置疑，在未来的岁月，崔西会继续表现得很出色。

后来，崔西赢得了巨额的奖学金去上一个优秀的私立学校，那所学校以造就一些美国顶尖学者闻名。而且，这所优秀的大学预科（这所学校的孩子们有校车接送与全天的个别家教），学校的指导老师与教师时常打电话向我称赞崔西。他们滔滔不绝地说，她真是与众不同，资赋优异、表现出众，无与伦比，非凡特别。

今天，崔西是高中的最高年级生了，她有着令人羡慕的问题：几乎每一所美国顶尖的大学都邀请她去就读。许多学校提供她免费机票去参观校园与实习。

最近，她花了一天在 56 号教室，一个杰出女性回到永远可以分享一切的地方，开心地坐着回答我目前学生的问题。崔西的四周环绕着心生羡慕的孩子，他们希望有一天也能像她那样。她提供给这些年幼的崇拜者一张通常的忠告单：阅读书本、用功读书、认真求学、时常发问、小心择友与作息均衡。有一位学生问："你能给我们最重要的忠告是什么？"

"那很容易，"崔西很快地回答，"**远离电视。电视削弱、限制了你。**"

她问孩子们是否尚未看过《益智游戏》，得知他们还没看过，就告诉他们那部影片的大意。不诚实的电视制作人对美国国会说了谎，而且完全避免掉诈骗美国人的责任。美国国会调查员狄克·古德文（Dick Goodwin），由劳伯·默勒（Rob Morrow）饰演，发表了崔西永远不会忘记的可悲评论。古德文说："我认为我能掌控电视……但事实是，电视掌控了我们。"

"千万不要让那发生在你们身上。"崔西警告着那些小孩。当他们接受这句话时，教室里鸦雀无声。

第四局

十字路口

在教孩子做聪明的决定时,强调艰难这两个字并不夸张。**即使一个年轻人善于利用时间,专心致志,避开电视,只要一个错误的决定就会立即破坏其他优点所提供的美好前景。**

这与聪明才智无关。克林顿总统是一个很完美的例子,而且我常在课堂讨论上引用。显然,这个人依然相信一个叫做"希望"(Hope)的地方,而且精明异常;虽然如此,他却做了一个很糟糕的决定,卷入了与白宫实习生的性丑闻。我不会说这是私人权利。我们都是人,我们都会犯错,但是,如果放在总统形象的显微镜下,没有人看起来是完美的。我不是比尔·克林顿的亲密朋友,但是我十分确定假如给他机会,他会立即回头,而且做一个截然不同的决定。

在帮助孩子发展行为规范时,我们必须告诉他们甚至是出色的人也会做很糟糕的决定。这样在面对十字路口时,年轻人应该知道如何选择正确的路。

第四局开始时已经过了晚上 9 点。球场几乎满座了。

我们后面那一排座位,之前是空的,现在坐了四位将近 30 岁的男士。因为错过了球赛的开局,显然他们没听到道奇队广播说这是老少咸宜的活动,他们应该避免使用不文明的言语。这些人声音很大,而且谈话中不时夹带着所谓"有色的隐喻"。听到那些男士讨论着不同的对象,从女同事到球场上的球员,孩子们的眉毛扬起了数次。这些人的玩笑中带着不健康的言语,而孩子们还不得不听,真是特别令人不愉快。

不过,比起另外一个问题,来自身后机关枪似的谈话还得甘拜下风。带着电玩的那个小男孩停止玩电玩,而且变得暴躁不安。他不停地嘀咕着电玩的电池用完了,而我们的小教授正旭静静地对着我说那个小男孩本身的电池可能也快没了。毕竟,对一个幼儿园年纪的孩子,时间已经很晚了。

为了解决这个问题,带着那个哭哭啼啼孩子的男士们想出了最容易的方法:他们买了一个玩具给他。叫卖纪念品的小贩一直在我们旁边的走道上叫卖着,他们买了一面道奇的大旗给那个小男孩,那面旗子有着两尺长的木头旗杆,一面很大的蓝白道奇细长三角旗。很自然地,那个小男孩开始拼命地挥着那面旗子。这举动并没有打扰到陪伴着他的人,反正那些人几乎不看球赛也不看那个小男孩。但是那面旗子持续不断地挥舞着,结果我们的视线完全被挡住了。暂时,我们都决定保持沉默,希望那个小男孩很快就挥累了。要妥善处理这件事需要双方的互动。那个小男孩和我彼此瞄了一眼,交换了眼色。奥斯汀,我们班上聪明的滑稽演员,要我采取些行动。因为他坐在我们的正中央，首当其冲受到前排讨厌的旗子与后排连珠炮般的脏话的影响。但最后，他还是默默赞同多数人的意见保持沉默。

这是机会教育的时刻。那时我并不知道后来事情会变得很糟糕，但我知道这小小的决定最后会成为我和孩子们讨论的一个主题。这件事是一个教育孩子的好机会，我们每天都在做很多选择，比我们自认为的还要多。有些学校善于教导孩子言行举止会产生的后果，并做正确选择的练习。不过，**对大多数小孩子来说，关于做决定的过程我们还是教得不够。**假如选择正确言行举止的原因很简单，年轻人就不会发现自己常处于有问题的状况。教导孩子如何选择最好的路很难，那也就是为何需要强调，而且要不断地评估与加强这方面教育的原因。

孩子们知道每天都会看到如何做决定——在文学作品、电影里面，而且最重要的是在真正的人生里。这些选择及其后果会被咀嚼、吞咽与消化，如此一来，每次学生自己做决定时，他们会利用自己的所见所闻，运用所有关于决定的知识，帮助他们选择最好的路。

奥斯汀还很小而且看不懂球赛。看到他耸耸肩忍住挫折，就知道他已竭尽所能了。他相信稍后他的感受会被注意。他最应该思考的是在面对相似的困境时，琳达会如何处理。琳达是一个高中应届毕业生，偶尔会回来拜访 56 号教室，她对奥斯汀特别感兴趣。

　　她也是曾引起轰动的模范学生。孩子们敬佩她,因为她击败了时常击倒其他人的劣势环境。她没有父亲,没有钱。她和母亲、姐姐住在两居室的破烂公寓中的其中一个房间,另一个家庭则使用另一个较大的房间。琳达的母亲是一个有爱心的勤劳妇女,但因为她是非法移民,很容易因窘迫不安而无法找到合适的工作。琳达的姐姐是一个可爱又聪颖的少女,但因为复杂的家庭关系疏远了。

　　这一堆不利因素在阻挡琳达的前程,却也造就了她令人钦佩的成功。她很聪明但不是天才。在小学时,她选择善加利用校方提供的每个额外课程,包括:管弦乐队、额外的数学课与莎士比亚。最后一切都有了回馈。她和朋友崔西都获得巨额的奖学金,到一所出色的私立学校就读。她给奥斯汀与班上其他的孩子忠告,**成功的秘诀是每一次都要能做出正确的选择。**

琳达与艾森豪威尔总统

　　我们鼓励孩子去做正确的事,但他们在做决定时不一定有适当的工具或方法。做决定就像学习弹琴一样,要不断地学习与发展技巧,需要时间与练习。在 56 号教室,琳达学到一个评估选择的制度。在笔记本里,她记录着艾森豪威尔总统的一句话:**"计划是微不足道的事;实施计划才是最重要的一切。"**

　　琳达对此颇为认同,而且,为了做计划,她拿出纸张,把每张纸从中间用直线划分成两栏。每一次当有重要的选择出现时，各种不同选择的后果被分成赞成与反对的理由列在纸上。琳达对较小的学生，像奥斯汀，指出每天要做数以百计的决定，从中午吃什么蔬菜到准备数学考试要花多少时间。而她认为**成功的孩子有能力认定与评估自己的选择**。在选择一个方向时，他们会仔细评估一串事实。对每个选择，琳达总是先考虑清楚以下的问题，再在纸上填入赞成与反对的理由：

- 这个选择有助于我达成个人的目标吗？
- 这个选择会伤到我所爱的人吗？
- 我是为我自己做这个选择（阶段六的思考）还是我试图去取悦他人（阶段三的思考）吗？
- 假如我做这个选择，我必须牺牲什么吗？
- 这个决定会影响到我不认识的人（无论好的还是坏的）吗？
- 需考虑经济因素吗？

当然，琳达也在错误中成长。其实每个人都是。但是她并不时常犯错，而且她对关于重大事情的选择一向很棒。年轻人需要了解，**当任务开始时，假如他们要胜任，就必须认定评估选择为绝对必要的技能**。琳达正是如此，而这造就了她如此与众不同。

～～～・～～～ 第四局中场 ～～～・～～～

在《威尼斯商人》(The Merchant of Venice)中,波莎(Portia)是一个沮丧的年轻女人,深受父亲遗嘱的一条规定所困,使她无法自己选择丈夫。但最后她赢得一切,就像中了彩票一样。她哀悼自己的命运,但也明白胡乱批评父亲的判断,正是自己的缺点:"要教育 20 个人如何做好事很容易,但是要我自己做个好榜样却很困难。"

对孩子强调做决定的重要是很容易。同样地,老师和家长作为学习对象在他们面前应该谦虚地去改正不好的决定。

红雀队没有得分,但是那个拿旗子的小男孩发现了一个使用玩具的新方法。在精通左右挥舞那面细长三角旗的技能后,他明白了还能前后挥舞那面旗子。那面旗子向后挥舞数次后,旗杆戳到了我,也几乎打到了一个学生。在那个孩子暂停的时候,我考虑向其中一个带他来的大人谈谈旗子的事。我开始在心中评估赞成与反对的理由,想想多少因素会被那些男士采纳。其中一种可能是什么都不说,只希望那个小男孩会因疲惫了而停止。但是看起来不会是这样的结果。泰迪·罗斯福总统说:"在做决定的时刻,最好的是能做出正确的决定,其次是做出坏的决定,而最糟的是什么都不做。"

为了尊重老罗斯福总统成立莽骑兵(Rough Rider)的智慧,我决定采取他的忠告,而且希望我的抉择是对的。结果没那么幸运。

雷夫:(往前倾身并躲着那挥舞着的旗杆)先生?对不起,先生?

男士:(不耐烦地)什么事?

雷夫:抱歉打扰您了。可不可以请您把他的旗子拿走?他一直不小心打到我们,而且……

男士:(大喊)天啊!他只是个讨厌的小孩子!一个讨厌的小孩子!你知道些什么!给我闭上你的嘴!

我们这一区的球迷都在看,而且假装没在注意。这一幕有着火车事故般的吸引力,而且一些旁观者无疑地想知道这位天性好战的男士是否会将眼前的状况演变成肢体暴力。

雷夫:(往后坐下,与在场的孩子一起)好,好!抱歉打扰您了。我只是想问问。没关系的。

男士:别再唠叨。你别再唠叨任何事!我的意思是任何事!闭嘴!

一件有趣的事发生了,那些男士忙着责怪我,对着我大喊大叫时,却没留意到那个小男孩继续挥舞着旗子,而且意外地戳到了一位正在走道上走的女士。她转身想说些什么,但是看到那个男士,她瞄了我一眼便继续往前走。

这个事件让孩子们有点儿震撼。为了让事情更加恶化,在第四局下半场开始时,那些男士故意站起来热烈地谈话,尽力去挡住我们的视线。真是些"好人"!

即使是坏事也会有美丽的银色镶边。我已经试过了,如同保罗·麦卡尼(Paul McCarney)曾经忠告,去"唱首悲伤的歌,而且要唱得更好",然后是悲惨的失败。这只是在强调,在一件事情结束时,做出正确的决定有多重要多困难。

～～～第四局下半场～～～

最悲哀的是在教导孩子做决定的技能时,却常要面对一些不愉快的事实。在学校里,用心良苦的老师鼓励着孩子,说:"在这儿,我们都是赢家。"那是个美丽的想法,但不一定是真实的。人生总是输的时候多。**任何举动都会有后果,而且这些后果通常都是丑陋的。对年轻人来说,在求学生涯,甚至在真实人生中,有必要去审视他人所做的决定为何导致糟糕的结果。**

这并非批判任何人。做好决定的人不一定比那些堕落、给自己或他人带来害处的人更好。我们不应该鼓励孩子落井下石。但是,他们需要明白,这么做会带来痛苦,**有些选择永远影响着我们,而且后果是没完没了的。**

奥斯汀和他的朋友听过关于琳达的一位名叫凯伦的同学的故事。她非常美丽,而她的表现让几位学校的教师形容为"天才"。凯伦在学校管弦乐队与戏剧上展现出她的天赋。她的学业表现远超出她的年级程度。这个明星学生满足了每个父母的梦想:孩子应该比父母拥有更美好的人生。凯伦家的状况比琳达好一些。她的家人不必与他人分享公寓,而且凯伦的母亲是合法公民。像琳达家一样,那位父亲离开了她们。然而,母亲的合法身份能让她找个工时较方便、收入较多的工作。凯伦得到很多的关注与引导。

虽然她所拥有的对她的未来很有利,但是凯伦在开始上中学时做了很糟的决定。就和很多好孩子一样,她屈服于青春期的压力。12岁时,她用化妆打扮引来许多年纪较大男孩子的密切注意。凯伦就读于当地的公立学校,拒绝了真正的责任——如果她愿意做一点牺牲,就能去一个较有挑战性的学校或私立学校就读。当琳达在家里填学校申请表格时,凯伦总是和一堆男孩子在当地的公园里闲逛。用不着算命先生预测,任何人都能预知她的将来。

凯伦在15岁时就当了母亲。此刻,学校已不是她人生的一部分了。假如她是一个坏人,开除她,而且义正严词地说是"她自找的"很容易。然而,那不是事实。凯伦向来是一个很好的女孩,她只是做了一个很糟的决定,一个完全改变人生锦绣前程以及关闭许多未来之门的决定。

我们不应该鼓励年轻人批判他人,或草率认定是个性使然,他们需要真正了解这个人是如何下决定的,而这个决定把他们的生活变得更好或更差。惟有这样的信息,才能让他们深刻感受在生命中做错决定的后果。

让我们说清楚些。凯伦的人生并不是全完了。有一些杰出的方案在帮助年轻的母亲回到学校，改善未来。也就是说，小孩子需要去面对事实，而事实就是在凯伦怀孕的那一天，她达到成就非凡的机会就大大地减少了。依据为婴儿游行筹款的机构美国畸形儿童基金会（March of Dimes）表示，18 岁以下未婚母亲是高中毕业的只占百分之四十，而在相同社会背景的人之中有百分之七十五是高中没毕业。此外，母亲十几岁的婴儿百分之七十八居住于贫穷地区，而相对的高中毕业已婚母亲的婴儿只有百分之九是居住于贫穷地区。对凯伦与她儿子，这些统计数值预言了严酷的事实。她能做出正确选择的机会受限于她过早成为母亲的悲惨决定。

稀有旅途的书包

父母对子女的教育游走于一线之间，不是对孩子参与太多就是参与得不够。**孩子们必须渐渐地自给自足，而且过着自己的人生。不过，在他们宣告独立前，把一些能帮助他做决定的信息塞满他的书包，是有益无害的。**

浮华世界的决定

在做决定时，好莱坞经典作品在塑造孩子的思想过程可占一席之位。我们从一个角色所做的聪明或愚蠢的决定中学习，得到在人生中可使用的知识。而知识就是力量。世上有各种各样的好影片，里面有至关重要的决定，提供关于选择及后果的建设性训诫。

在奥斯卡金像奖的精神里，有三部影片我们可考虑。

詹姆斯·斯图尔特（James Stewart）曾谈到在《生活多美好》（It's a Wonderful Life）中他最爱的一个镜头。那部影片是 1946 年弗兰克·卡普拉（Frank Capra）导演的里程碑，那已成为美国文化最受欢迎的影片之一。有趣的是，他选择的特殊镜头不是那部影片里的经典片段。通常，大家都会强调影片里蒙太奇的那个镜头，史都华扮演的角色，乔治·贝雷（George Bailey）在桥上仔细思考着自杀，那个镜头随着他奔过贝德福瀑布；或是电影愉快的结尾，贝雷和他的家人唱着"友谊地久天长"。

相反，史都华要观众去留意之前在火车站的一个镜头。在父亲过世后，乔治遵守着承诺，很不情愿地看管着家族事业。他的弟弟，哈利离家去上大学。当哈利学成归来时，这个大学毕业生准备好要接掌管理贝雷布洛斯建筑与贷款协会的工作，乔治就要去追求他的梦想。

但是，在火车站，哈利和他的新婚太太刚刚抵达。他的父亲已经准备了一个好的工作给哈利，意思是乔治必须要继续经营那家公司。当哈利的家人迅速消失于银幕，乔治独自一个人留在那里。他知道他过去那四年所有的计划全泡汤了。对一个总是替别人着想的人，那是一个很糟的时刻，而且没有人想到这对他似乎非常不公平。

虽然灾难打击了他，乔治没有做出任何仓促的决定，仍然忠于自己。尽管困难，他决定不惜一切地去维持他的家庭与公司,这么一来他或许永远无法达到去环游世界与冒险的梦想。影片比许多人所预期的卡波的影片更黑暗。乔治变得非常痛苦,最后他产生了自杀的念头,但是,在最黑暗的时光,他最终发现他的人生还很有意义,应该活着。不久之后,乔治明白,他是"镇上最富有的人"。虽然那部电影的结局以喜剧收场,但是史都华所选的火车站镜头是颇具教育意义的。这对年轻人很有益处:**让他们明白并讨论美梦不会总是成真;甚至对那些持续试着去做正确事情的人,人生也可能是残酷与不公平的,而且失望的事随时都会发生。**

对成熟的高中生,奥利佛·斯通(Oliver Stone)的《华尔街》(Wall Street)会引发讨论一个做错事的年轻人的命运。查理·辛(Charlie Sheen)饰演的角色,巴德·福克斯(Bud Fox)是一个年轻的股票经纪人,受到虚伪的百万富翁戈登·盖葛(Gordon Gekko)的诱惑。那富翁由迈克·道格拉斯(Michael Douglas)所饰演,他精湛的演技赢得了奥斯卡金像奖。

为了教育的目的,那部电影特别提到容易被忽略的一点:我们每个人都有可能做出很糟糕的决定,最坏的情况下,甚至可能带给我们和周遭的人伤害。许多影片把焦点集中在一个主角,他做了一个聪明的决定,而且从此过着快乐的日子。如此幸运的情节不在这部影片里,巴德·福克斯做了一连串可怕的决定,结果就银铛入狱。这是一部教导如何做出决定的最佳影片,而劳曼汉(Lou Mannheim)这个角色,一个年老的股票经纪人，由演技非凡的霍尔·霍布鲁克（Hal Holbrook）所饰演。

这部影片对年轻人很有意义：接受事实——我们都有可能做出错误的选择，但是我们如果懂得排除干扰，就能区分是光明的前途还是根本没有未来。你不用真的了解华尔街或股票市场的运作，只要记得当一位年轻人因内线交易而要被逮捕时曼汉给巴德的忠告："巴德，我喜欢你。不过要记得，一个人探头看看万丈深渊，深渊中无人回应。在那时刻，这个人便能找到自己。而那就是使他远离万丈深渊的原因。"

无妨告诉孩子，尽管他们尽力去做正确的选择，他们还是会有自己面临万丈深渊的时刻。《华尔街》是一个很好的提醒：**最糟的选择之后可能是最勇敢的选择，而在黑暗的尽头就是光明。**

根据长期的教学经验，面对最糟的决定时，一些不按常理出牌的孩子会做出很好的选择，而且许多决定是在不够理想的情况下做出来的。同伴的压力难以处理，当社会的规范被等级来评定时，自然很少孩子有足够的力量去忠于自己与他们的信仰。要与众不同是如此之难，还要勇敢地面对其他人的奚落与指责。

教导孩子去走自己的路，循循善诱，让他知道要一直保持不懈努力的勇气是极其重要的。史坦利·奎蒙（Stanley Kramer）的《向上帝挑战》（Inherit the Wind）影片改编版有一段独白,56 号教室用它在家里进行讨论,不但讨论"猴子案"
(Scopes Monkey Trial)的特殊背景,而且当做是每位学生学
习的人生案例。

斯宾塞·屈塞(Spencer Tracy)饰演亨利·瑞蒙德(Hen-
ry Drummond),一个律师,附属于克劳伦斯·达罗(Clarence
Darrow),克劳伦斯来自田纳西州,是为在学校教生化的伯
特·凯兹(Bert Cates)辩护的律师。那个小镇发生了流血事
件,凯兹的女朋友瑞秋(Rachel),恳求他去道歉,希望整个小
镇会忘记整件事。她很生气瑞蒙德坚持施压,让审判持续下
去,认为他不明白在事情结束后她和伯特仍会留在小镇上,
并被所有人憎恨。

我知道伯特要承受什么。那是世界上最寂寞的感
受——那就像走在一条空无一人的街上,只听到你自己的脚
步声。但是,你所必须做的是去敲任何一扇门,并且说:"假
如你让我进来,我会依照你要我过的方式去过活,而且,我会
依照你要我思考的方式去思考。"然后所有盲目的人会站出
来,所有的门会打开,而你永远不会寂寞,永远不再孤单。现
在,你决定吧。

孩子们必须知道伯特面对的棘手选择,是所有年轻人终
归会面对的问题。许多人会决定跟着世俗让步,以符合自己
的利益。《向上帝挑战》会鼓励他们去表现得更好。它回响

着《哈姆雷特》里的克罗迪斯(Polonius) 所说的话："最重要的，是忠于自我。"

文学、逐兔与下地狱

阅读杰出的文学作品是绝对成功的方法，把学习如何做决定这个问题视为当务之急。多数经典小说的主角面对着选择，那些选择对年轻读者仍然是有意义的。

任何选择都包含着牺牲。一个让孩子牢记在心的重要概念就是经济学者所谓的机会成本。许多年轻人想要拥有一切，但是必须明白假如你想去医学院就读，就必须放弃参加其他孩子所喜爱的派对。在我们的社会，短暂享受的快乐似乎替代了追求理想的脚步，我们是该强调这个训诫。

一个不知名的哲学家曾经写下："假如你同时追逐两只兔子，两只都会逃走的。"

所有的读者，无论年轻或年长，都应该考虑花时间去阅读或重温苏西博士写的《喔，你要去的地方》(Oh, the Places You'll go !)。人们时常在一些重要的场合阅读这本书，像学校的毕业典礼，但是它的训诫持续着整个人生。苏西精彩的插图让人眼花缭乱，美不胜收。但也有些引起惊慌的时刻，譬如读者面对跨页的数百条路时。如同苏西警告我们：你会来回地看着街道。小心谨慎地选择。关于这件事，你有话要说："我不选择去那儿。"

苏西强调这个训诫：选择是一定要的，但选择一个路径同时也意味着放弃其他的。它是一本值得一读再读的书，而且比较前一次的阅读，学生能估量自己智力与情感的成长。时常，他们会发现虽然那本书没改变，但他们改变了。

多数的在校高中生被强迫接受莎士比亚的《罗密欧与朱丽叶》。幸运的年轻学者可能会有一个很好的老师，兴致勃勃地引导着他们的整出戏，但是许多学生没那么幸运，绝大多数老师只把那本书视为学区指定的阅读书单上的书籍而已。

但无论如何，和孩子一起阅读这部莎士比亚第一流的杰作，接着观看 1968 年杰出的改编影片，由佛郎哥·泽菲雷里（Franco Zeffirelli）所导演的同名影片《罗密欧与朱丽叶》，是不错的选择。

学校给学生的评估典型问题就是有关这出戏的世俗或其他的问题。孩子们被要求回答罗密欧堂兄弟的名字，或是朱丽叶的年纪。但是，假如一个孩子要获得真正有意义的知识，他们被问到的问题一定是更寻根究底的，而非对孩子的成长毫无帮助的问题。

这个故事最值得注意的主题是达到高潮的愚蠢悲剧的原因。年轻恋人的死亡不是源自他们世仇的家族或上帝的行为，而是源自那对恋人不能在冲动行事前冷静分析。罗密欧和朱丽叶很年轻，而且没有你的孩子那么幸运，没人教导他们做决定的艺术。假如他们听从菲艾·劳伦斯神父（Friar Lawrence）的指导（"聪明而缓慢地行事；跑得快的总是会被绊倒"），两位年轻人可能从此过着幸福快乐的日子，而不是早逝于卡布勒（Capulet）墓里。

对年龄较大的学生，《哈克贝里·费恩历险记》（The Adventures of Huckleberry Finn）可以说是所有故事中最鼓舞人心的。这本书通常被指定为学生自己阅读的书本，但在他们自己阅读的年纪通常还无法完全理解马克·吐温的天赋。正如哈克（Huck）需要吉姆（Jim）的引导，即便是好学生也需要护航，才能完全赏识哈克最后决定的痛苦与才智。

哈克是一个小男孩，不讲卫生也未受教育，逃离虐待他的父亲，与吉姆联合在一起。吉姆是一个奴隶，他要逃离残酷与虚伪的社会。这两个人在密西西比河冒险了多次后，吉姆被两个名叫国王与公爵的骗子再卖去当奴隶。在第三十一章，哈克必须做出一生不能反悔的决定：他要遵循社会的规范，把吉姆还给他的主人，或是把吉姆从奴隶主那里解救出来，释放了他。

哈克决定遵循法律，甚至向上帝祷告帮助他做正确的选择。他写了一封信给吉姆以前的主人，华特森小姐（Miss Watson），好让他心里觉得好过些。但是，就像《哈姆雷特》里的克劳蒂斯（Claudius），哈克得知："你不能为谎言祷告。"哈克列出了所有的好处与坏处，而且明白他背叛吉姆的所有理由是源于社会的现实，而不是他自己内心的真实想法。最后，他看着自己写的信，而且做了辉煌的宣告：

　　那是一个封闭之地。我把它拿起来，握在手中。我颤抖着，因为我必须在两件事情之中做出决定，而且这是我早就知道的。

　　我研究了一下，稍微屏住呼吸，然后，对自己说："好吧，那么由我下地狱——毁了它。"

　　在那段话里，哈克不但是做了决定，而且表明了他已完全考虑两种行为的后果。他已理解下地狱会比把吉姆交还给华特森小姐更困难，但是，在勇于做个更困难的选择之际，哈克必须要对自己的行为负起责任。

　　特殊的年轻人长大后像哈克：**果断、有道德，能够勇敢地去做对的事**，即使那意味着孤芳自傲。在《哈克贝里·费恩历险记》，孩子们习得关于选择最重要的事是：最关键的决定时常是最困难的，但是，那些有勇气与信念的人会获得力量去走艰难的路，而其他人则选择较容易的路。

　　最后，《杀死一只知更鸟》(To Kill a Mockingbird)，哈波·李(Harper Lee)获得普利策奖的小说被56号教室视为家庭的圣经。书中字里行间皆是幽默、真理与智慧。当孩子们练习做决定时，提醒他们，最后的分析、选择必须是他们自己的，然后，针对至今他们所习得的知识背景去衡量他们的选择。面对困难的决定，当世界的重量似乎太重而无法承担时，请拉他们一把，提醒他们剧中的父亲，亚特克(Atticus Finch)律师面对压力的忠告："在我为别人活之前，我必须先为自己活。多数的规则最不能容忍的就是一个人的良知被泯灭。"

∼∼∼ • ∼∼∼ 第四局结束 ∼∼∼ • ∼∼∼

球赛几乎进行了一半，道奇队又奋力得了 1 分，让比分成了 3∶2，红雀队仍然领先。巨大的屏幕上播放着各种棒球员跌倒或失误的画面以取悦观众。我看着五位小孩子笑成一团，而且无聊地打赌道奇队获胜的机会。我好开心他们再次彼此交谈而不是盯着屏幕——在做出聪明决定的道路上，这是一个小小的胜利。数以百万计的决定等着他们，而且我希望他们已准备好去做出正确的决定。

当他们坐着谈笑时，我回想起凯伦，孩子们常看到她晚上在附近推着婴儿车。她只是一个孩子，却已推着小宝宝。我对凯伦和她的小孩都仍有信心，他们会异军突起，过着有意义的生活。凯伦总是有能力去完成她人生中特别的事。错误的决定已在她的人生路上放置了严重的障碍，但是因为年龄、智慧与他人的支持，那些障碍会被克服的。

我还想到琳达，她今晚可能正梦想着摆在她面前的许多可能。她努力去做出正确的选择，而且，大学、事业、男朋友、旅行与许多朋友等着她。喔！那是她将要去的地方！

第五局

像莎士比亚写诗那样扫街

　　第五局上半场快要开始,而杰西卡和悠悠想去买一瓶水。时间已过了晚上 9 点,天黑了,加上我们周围的球迷们都喝了啤酒,我只好陪着他们去买东西。球场相当平静,所以我们预期只需 10 秒钟的购买时间,就能回到我们的座位上。结果根本不是这么回事。

　　我们赶紧走上阶梯,找到一个贩卖点,可是那儿的瓶装水已售罄。那位十几岁的售货员正忙着用手机和朋友聊天。这不是感恩节,但我们禁不住想到《落难见真情》(Planes, Trains and Automobiles)的镜头。在电影里,史蒂夫·马丁(Steve Martin)是一个挫败的角色,他想要租一部车,而柜台后面的那位女士激怒了他,因为她让他等了很久,还咯咯笑着在电话上和家人聊天。最后,马丁爆发了,带着惊人的、爆笑的、连珠炮似的咒骂。生活就是来源于艺术,那位贩卖点心的服务员让我们联想到影片中那位女士。她不急着卖东西给我们。等她终于决定挂上电话开始工作时,女孩们点了

97

两瓶水。

"什么?"她问着,声音充满了厌烦。

"我们可不可以买两瓶水？麻烦你了。"女孩们重复着。

"好的,喔……等一下。"

那个售货员消失于边门后面至少 1 分钟之久,终于拿着一瓶可乐与一盒薄脆饼回来。

"真抱歉,"我说着,把东西接过来,"这些女孩们想要一些水。"

"喔,是啊,对的。"我们的售货员回答着。她拿着瓶装水回来,而且在收款机上打出 7 元。女孩子们给她一张 10 元的纸币。她拿走那张纸币,找给她们 5 元。

孩子们互望了一下,然后,看着我。

"嗯,你给我们太多了。"杰西卡说着。"你只要找给我们 3 元。"

"管它的。"那位售货员回答着。

终于,手里拿着水,口袋里装着找回的钱,我们回到座位。红雀队攻得很紧,一、三垒有人,只有一人出局。那些男孩子们在我们的记分板上记录数据,而且我们瞬间即可明白。

男孩子们记分板的效率与女孩子们和那位心情烦闷售货员交流的经验,这悬殊的差别引起另一个重要的训诫。富兰克林(Ben Franklin)写道:"任何值得去做的事情都值得做得很好。"与富兰克林博士争论是不智的,因此针对这个观点,我们必须对孩子循循善诱。

关于工作,有许多伟大的格言,但是,我最喜爱之一是马丁·路德·金二世博士的,马丁博士时常引用关于尽力而为的一首无名诗。在他激励人心的演讲中,他会转述这首诗的许多章节,但是,这儿我们的目的是让孩子们记住:

假如你命该扫街,

就扫得有模有样。

一如米开朗基罗在画画,

一如莎士比亚在写诗,

一如贝多芬在作曲。

许多人不为他们的工作而自豪。当事情做错了或无法完成,时常有许多人寻找代罪羔羊逃避指责。没有人喜欢指责的游戏,但是我们的社会大部分会串通一气,以产生平凡的职业道德标准,甚至连买两瓶水都如此困难。

孩子们必须为他们所做的而自豪。假如他们要去扫街,可以说,他们必须像莎士比亚在写诗那样去扫街。父母亲应该知道,在发展一个不好的职业道德标准上,学校的指导政策时常是元凶之一。在许多学校,学术标准已经降低,好让教师与行政人员觉得他们表现得很好。例如:在最近一次教职员会议,行政官员评论上个学年我们标准考试的结果。他们的谈论使人联想起《一九八四》,乔治·奥威尔(George Orwell）的小说主角，温斯顿·史密斯（Winston Smith）在真理部（the Ministry of Truth）的报告。

我们被告知孩子在数学上表现好极了。好极了？在那年学期结束时，几乎百分之四十的学生数学不及格。只因为其他的学校表现得更糟，我们的学校便为我们的"高"分鼓掌喝彩。没有人有勇气或精力去指出，在现实世界中，百分之四十的不及格是不会被认为"好极了"。百分之四十的不及格率，在现实世界中，意味着"被辞退"，或是更糟的后果。但是，当学校以别的方法来突显成功的形象时，就给学生加强了错误的信息。

事实上，这些日子，孩子们间接地了解他们的行为不需承担任何后果。律师吓唬学校，结果在学校里不可救药的学生获得"悉心照料"而且考试"过关"，就算他们没有达到该州会考检验过关的要求。

在霍伯特小学，一个典型的都市公立学校，每年 6 月，五年级生毕业了而且升入中学。去年，在整个毕业典礼的预演中，有的班级的不良学生公然地咒骂教师与同伴。当教师要行政主管把这些小流氓从仪式中拉出去时却被告知，无论学生的行为多糟或是学业多差，所有的孩子必须在台上毕业。

有教无类？真是荒谬。有些孩子应该被留级直到他们真正准备好升入下一个年级。这些孩子需要认真的帮助，而且，当他们知识浅陋或衰退时还让他们升级是不对的。这带给全校所有人可怕的信息。

有一位教师被告知她那个帮派的学生是一个"好孩子"。这个孩子不断地伤害其他的人,干扰上课而且不做功课。真抱歉,这不是一个好孩子。也许未来他会成为一个好孩子,但是,让我们直言:伤害他人,而且在学校里每一门学科都不合格的学生,在小区里也绝对不会是好孩子。

我们学校有一个竞赛叫做数学日。那是一个很有趣的活动,所有的班级都参与测验,测验包含学生们该精通的所有数学技巧。在竞赛结束时,所有的孩子,有些答错半数以上的题目,都获得了奖品与比萨派对的奖赏,而且被告知:"我们这儿都是赢家。"

抱歉,不应该是这样的。真的不是。

当学生参与一个简单的数学测验,而且答错百分之九十的题目,他们不是赢家。我能理解,也为努力去建立孩子的自信心的人喝彩,但是,对孩子们说谎终究是帮不了他们的。

～～通往伟大之路～～

所有的学习始于家里,小孩子们从观察每天所接触的人能收集许多生活中的点点滴滴。观察同伴、班长甚至陌生人,无论好的或坏的职业道德标准,能开启重要人生课程的大门。

目前,我们可以用"政治正确"来避免批判他人。这观点背后似乎很合乎人道,但是,事实上,人们每天都做了许多批判。我们选择学校、医生与理发师,基于他们的工作是否合乎我们优秀的标准。在一天结束时，让孩子们反省思索所接触到的人是很好的事。世上有些人像莎士比亚那样去扫街，而其他的不是。当孩子们看到有人掌握了工作的价值，他们就拥有了这个人的人生哲学。

早在几个月前，和我一起看球赛的学生准备去亚利桑那州向一群专业教师展示他们的语言技巧。我们都好期盼这个活动。这对孩子们来说像一场表演，以及许多趣事：到别的州的旅行，给亲切教师们的表演以及增广见闻的机会。但我们没能预知即将发生的噩梦：

早上 08：30　我们的飞机在早上 11 点钟将从洛杉矶国际机场起飞。因为是有经验的大队人马，我们在早上八点半抵达航空站，此时是在飞往凤凰城的短程航班起飞前两个半小时。

早上 08：40　虽然我们手上有机票，服务员通知我们，飞机机位可能客满。因为航空公司超卖。即使我们是首批到达那儿的旅客，而且提早了两个半小时到，职员要我们在靠近航空站的地方等，在那儿会马上宣布进一步的指示。

早上 09：30　"马上"变成了相对的名词，当一个代表过来我们这儿时几乎已是一个小时以后了。他们决定让我们上飞机，并且送我们去安检。

早上 10：00　我们到达登机门，坐在候机楼里。柜台后一位女士叫我们过去。她收到了楼下来的信息，抱歉地告诉我，他们弄错了。我们不能登机，必须要回到楼下，在那儿一个叫盖瑞的男士会帮我们。虽然震惊,我仍然冷静地去问我们的行李已经贴上该航班的标签,应该怎么办。盖瑞应该要有答案,而且在楼下等着招呼我们。我想要明白为什么发生这种事,但她哈哈大笑,而且说那是一个疯狂的日子。事实上,没有一个孩子觉得有趣。

　　早上10:20　我们到了楼下。盖瑞已在那儿,而且要我们等一下。他在打电话处理事情。

　　早上11:05　盖瑞微笑着走过来。一切都解决了。我们被告知搭巴士从洛杉矶国际机场到伯班克机场(Burbank)(一个小时的车程)去搭乘不同的飞机。他说这件事时哈哈大笑,而且告诉我们不要担心。盖瑞给我们代金券去付巴士的费用,以及额外的折价券让孩子们在伯班克机场吃一餐再起飞,预计下午4点起飞。

　　早上11:30　在巴士的候车区,一位男士问我们在那儿做什么。我告诉他,他的公司代表指示我们搭巴士去伯班克机场。他向我要140元。我给他代金券,而他开始狂笑。他说他们从来都不收代金券的。假如《非洲皇后》的导演约翰·休斯顿(John Huston)与演员亨佛莱·鲍嘉(Humphrey Bogart)在那儿,我会自嘲:“代金券?我们不需要这种烂纸头!”但是那一点也不好笑。我给他钱。只要能离开那儿就行。

　　下午12:40　我们抵达伯班克机场。你猜对了。那代餐券不能用。

下午 17：15　飞机在凤凰城着陆，几个行李不见了，一个多星期后才收到。许多表演用的重要物品不见了。

这的确是一个很可怕的日子，但是灾难性的经验都能用来循循善诱教导孩子何谓优秀。我们在旅馆里花时间查看当天的事件。孩子们努力省思许多我们遇到的职员的无能以及他们心不在焉的态度。

次日，在亚利桑那学校，学生们受到一群规划完善的、专业教师的欢迎，他们甚至铺了红地毯。不要认为学生们不会感激。**有些人为他们的工作而自豪，而其他人则不是。旅行是一种非常好的方式，让学生们去学习、体会其中的差异。**

~~~~ •~~~~ 第五局中场 ~~~~•~~~~

红雀队在这局上半场又得了 2 分，以 5：2 领先。有些人往出口走去，这时球赛才进行了一半。

杰西卡和艺琳在擦记分表。她们没有犯太多错，但是发现一个方法，可以让她们的记录做得更整齐。她们如此小心翼翼地工作正是重点。没有人会看到这些记分板。女孩子们只是更正她们的工作，甚至没有人告诉她们要这样做。这也不涉及分数，而且说实在的，两天后这些记录可能会在回收桶或抽屉里。但是，对于杰出的孩子们，优秀是一种生活方式，不只是为求学奋斗，而这两位小女孩已欣然接受这个哲理。

〰●〰〰 第五局下半场 〰〰●〰

让我重申一个很重要的观点。记录分数的孩子是特别小的年轻人，但不是因为优秀的智力或与生俱来的天资。在许多方面，他们和其他数百万全美国的孩子没有不同，而且事实上，有些孩子克服了极大的不利条件，避开了贫穷与破碎家庭带来的困难以达到他们的成功。但他们的非比寻常并不是与生俱来。相反，这些孩子与众不同，是因为他们有父母亲与教师以一贯的优良训诫引导着他们。多数的年轻人绝不会"像莎士比亚那样去扫街"，因为在他们日常生活里所接受的是错综复杂的信息。

〰●〰〰 权利与特权 〰〰●〰

现在的成年人时常抱怨年轻人不明白自己的行为带来的后果。在学校和家里，孩子们总是表现出一副理所当然的态度。但是，当你从孩子的角度来考虑时，那可能意味着他并不明白在人生里他没有任何特权。

毕竟，孩子们不必申请即可上学：学校附近的地址是注册惟一的前提。有些学校提供免费早餐与午餐。孩子们几乎从未被拒绝参加课外活动。当多数学校举办校外教学时，所有的孩子都会去——那些行为不端、缺交功课的学生仍然上了巴士。教师时常很沮丧，因为必要时惩戒孩子的力量，已被执行"有教无类"的官僚力量拿走了。因为他们减弱教师的监督力量，许多孩子发现他们可以为所欲为。孩子不再在乎他们学习的质量，因为无论他们做了什么，免费餐或去动物园的旅行总会有的。这现象必须终止，而且父母亲与教师能一起努力实现。

几年前，发生了一件有趣的事，关于在我星期六早上任教班级的一个学生。大约有 50 位学生在那个班级，从六年级到九年级。孩子研读莎士比亚、阅读测验、代数与词汇。那些在正规学校与星期六早上班表现良好的学生将受邀参加下一年度夏季的俄勒冈莎士比亚节。

玛莉是一位六年级学生。她上中学时正好开始叛逆期，她无法聚精会神。她读书的习惯已不如以往那么专注了，而且她错过了一些莎士比亚的课。学年结束时，我与玛莉和她母亲碰面，解释说这位少女没获得去莎士比亚节的权利。母亲和女儿都哭了。那位母亲心情很不好，但是很有礼貌，而且答应我回家时她会劝告女儿。

玛莉的一位同学克里斯汀在学年中放弃了星期六早上的课程。当事情发生时，我打电话给克里斯汀的母亲，解释放弃那课程是个错误。孩子们应该学习做出承诺就必须遵守到底。放弃是个危险的习惯。克里斯汀的母亲不同意，这件事情便再无下文。

次年初夏，在我们从莎士比亚节回来后，我有了这两位女孩的消息。玛莉来找我谈。她承认她在课堂上的表现欠佳，要求在秋季开课时继续在星期六学习。我给她课程表，并告诉她看到她回来上课我会很兴奋。

在克里斯汀放弃了课程大约六个月之后，我出乎意料地得到她的消息。她和我联络的主要理由是关于她的妹妹，一位四年级学生，问暑假可不可以跟着我学吉他。我找了一把吉他给她的妹妹，然后她可以和大约 30 位其他的孩子一起参加免费的音乐课。在上了六个星期的课后，那个女孩放弃了那个课程。她不喜欢练习，因为太难。

秋天来临时，学生开始报名参加星期六的课。虽然课程表早已在暑假给了所有的孩子，在开课前夕的星期五午夜，我收到克里斯汀的电邮。她想回来上课。那个晚上我回信表示我的忧虑：因为那是给认真学生的认真课程，对她可能不合适。我仍然欢迎她来上课，但是我期盼她能先完成她手头上的事。我在凌晨大约 12 点 15 分回复她的电邮，然后上床去，想要在明天早上开课前能睡几个小时。

早上 4 点 45 分起床后，我查看电邮，发现一封来自克里斯汀的信息。假如在我打开计算机之前还没完全醒来，在看完她的信息之后我也能完全清醒过来了。那则信息相当精简，充满脏话、咒骂、火药味十足，而且理直气壮——更可怕的是这只是一个六年级生所写的信。婉转地说，克里斯汀确凿地告知我她不会参加这个课程，而且她要我下地狱。

养育孩子的确很痛苦。这个孩子，我教了她一年，带她去了华盛顿特区，而且帮她付了一个特别夏令营的学费。但是这样的愤怒却出自对特权的误解。她有一个允许她终身

107

认为一切都该是免费的母亲。不是的。**天下没有免费的午餐。凡事都有代价。**

·~~~　在书包里带着米开朗基罗与莎士比亚　~~~·

歧视是好的

"歧视"这个字一向被给予贬义的评价。种族歧视的可耻历史已让歧视成为偏执的同义词。但是，这个字也有它正面的意义，形容区分各种不同的信息里的能力。追求卓越非凡的年轻人必须学习和理解歧视的含义。

家庭共享影片的晚上与阅读文学的时刻应该更注重质量。**除非孩子们知道什么是优秀（什么不是），否则他们无法为其奋斗。**非比寻常的孩子们不会去电影院看部影片，只因为学校里其他人都在谈论那部影片。**他们有识别的能力，学习过如何区分实质与大肆宣传。**

孩子在做选择时，让他向你解释他的理由。尽可能支持那个决定；但是鼓励区分的过程。那个决定无论是包含了选择菜单上的食物、图书馆里的一本书或店里的一个玩具，孩子们需要去考虑不同选择的利益。不是所有菜单上的食物都同样的味美。不是所有店里的美发师都有相同的技艺。有识别能力的孩子更可能去达到更高、更远的境界。

无与伦比的境界

我不断强调：艺术必须是每个孩子人生的一部分。借着拉小提琴或画画获得的责任感、教养与快乐会一辈子与创作者在一起。但是,为了让孩子们达到更高的境界,在发展音乐与艺术的天赋时,他们需和同样努力创造、各具魅力的同伴做比较。

我曾看过一个大都市学校的高中管弦乐队努力地表演。尽管孩子们的背景贫穷,经验不足,但他们一开始即令人刮目相看。一个好的开始,那就是全部了。这些年轻的音乐家应该赢得赞扬鼓励,让他们的表演达到更高的层次。然而,他们善解人意的老师们却哄骗他们认为自己是美国最好的高中管弦乐队。这些学生真的相信基于他们目前的音乐才能,有一天他们会是爱乐团体的一份子。那发生的机会大概和我在高尔夫球赛中击败老虎伍兹的几率相同。

这些年轻的音乐家必须去看同年纪的其他孩子出色的演奏。为了激励孩子努力与成名,他们必须明白自己的世界是渺小的。其他的孩子正从事着相同的努力,而且成就更大。这并不意味着泼他冷水,但是,要告诉他事实。**不劳而获的功成名就是罕有的。**好的年轻西洋棋手必须去与更高段的西洋棋手对弈。一个孩子可能是他学校里最好的阅读者,但是,他必须去明白有数以千计的学校,那儿的孩子阅读甚至更高水平的书籍。没有任何东西能比事实更能激发对优秀的追求。

影片的深思

许多好电影的主题是关于认真工作的人。所有年纪的孩子都会喜爱迪斯尼 2002 年低估了的影片《心灵投手》(The Rookie)，那部影片很俗套但是精心制作。在影片中有一短暂的镜头展现了一个惊人的教训，值得与孩子讨论，甚至是与小孩讨论。影片的主角是一个寂寞的小男孩，他喜爱棒球，但他不能加入球队，因为父亲的军职不断地带着他的家人在美国到处跑。结果，这年轻的投手从未达成追逐最爱和理想的愿望。

这个小男孩独自在得州的一个小镇，闲逛着进入一家店，寻找一双棒球短袜，但是无法找到他所想要的。这家店如同那个孩子的心灵一样寂寞与空虚，而且他完全泄气了。但是那位店主对年轻人的悲哀很敏感，便把他带到一旁去看棒球短袜的款式目录，以便找到珍贵的短袜。

孩子们应该记下这个镜头中细心但很重要的教训。那位店东在那儿并没赚钱。其他人会忽视了那个孩子，回头去看电视或吃点心。但是这位店东尽力去帮忙。他知道每位顾客都有重要的意义，而且尽力去让那个孩子开心，反映出这不但是个良好行为，而且是他一生中为自己确立的目标。让孩子知道，当他做功课或整理自己的房间时，应该以这位有爱心的店东相同的态度去处理，这位店东以他可能不知道的方式帮助了那个伤心的小男孩。

像莎士比亚那样去扫街是不容易，尤其这充斥着诱人的快捷方式与一夜成名的故事的世界总给年轻人错误的期盼。约翰·艾维森(John G. Avildsen)1984 年的影片《小子难缠》

(The Karate Kid)，是反对这些谬误的好故事。赖夫·马奇欧(Ralph Macchio)的角色，丹尼尔是一个十几岁、遭人欺侮的青少年，想要学习保护自己。他渴望去学空手道，但是，他的良师益友，宫城教练(Mr. Miyagi)给了他一连串似乎无用的工作，那让他更加觉得心灵受挫。后来，正当他已渐渐满足这忙碌的工作时，宫城教练向他表示其实他已学了有用的技能，适合作为他空手道教学的基础。在学习去努力与聚精会神的过程中，丹尼尔学到的不只是空手道的教训。他必须去赢得他所要的，而且，就如同歌手理查德·斯达克与乔治·哈里森所唱的："得来不易(It don't come easy)。"

对较大的学生，或成熟年轻人，史蒂芬·斯皮尔伯格(Steven Spielberg)经典作品《拯救大兵瑞恩》(Save Private Ryan)是务必要看的。在56号教室，我们是在退伍军人节(Veterans Day)那天看的。当然，那是历史课，而且前20分钟展现的是震撼逼真的战争画面，在一般的影片上很少看到。不过课程的目的是尝试去循循善诱卓越非凡的孩子，确信他们明白汤姆·汉克斯(Tom Hanks)饰演的米勒上尉连长临终的台词。我和年轻人看过那部影片无数次，而且在战争的爆炸与嘈杂声中他们时常听不清楚他的话。瑞恩的生命是米勒上尉救的，上尉临终时，告诉马特·达蒙(Matt Damon)饰演的瑞恩大兵"别辜负大家……"然后我们看到50年后，瑞恩大兵站在米勒的坟前，回顾他走过的岁月。他要求妻子告诉他，他是一个好人，而且过着很好的生活。

我要孩子们知道,有一天他们会老,会面对相同的问题。他们会为他们所做的而自豪吗? 他们尽力而为了吗? 瑞恩大兵得到一个礼物:其他人做了极大的牺牲,他才能活下来。在一个相似的画面中,孩子们应该明白在他们生命中的其他人——父母、教师、良师益友——每个人都做了一些牺牲,这样孩子们才可能成功。在他们人生中,他们所做的努力表明了尊敬,不只是尊重自己付出的时间与努力,也是尊重那些牺牲奉献、给他们机会达到最高成就的人。

那与金恩博士的要求"像莎士比亚那样去扫街"相辅相成。没有一蹴而就的事情。我们应该奋斗,尽可能表现最佳,去赢得我们所希望拥有与达到的境界。

阶段六的思考模式

聪明的父母想要孩子知道金钱的价值,所以每周都给零用钱。这是一件好事。每个人有不同的做法,但是多数人觉得零用钱的数目随着孩子的年龄而增加。明智的家长教孩子统计零用钱的预算,把花费、储蓄与给与都计算进去。他们也允许孩子犯错。假如一个孩子花光零用钱,没有足够的钱剩下来和朋友去看电影,就不该提供支持。

问题在于**把零用钱和家务联结就错了**。父母亲如此思考是可理解的,因为人要工作才赚得到钱,而那似乎是一个很好的教训,值得传授给孩子。然而,**做家务应该是给家人的礼物**。父母亲免费做晚餐,孩子也应该免费去清理房间或清洗浴室的洗脸槽。克博格的道德发展阶段指出为奖赏而做事，但是达到第六阶段的思想家知道**工作本身就是奖赏**。而且，工作做得愈好，奖赏愈好。一个把自己的房间保持得很整洁的孩子，更可能有一个有规划的讲义夹，也会一丝不苟地完成的学校作业。零用钱可训练孩子金钱的管理，但是同时教导很少孩子明白的更高原则：**一个做得好的工作就是最高的奖赏**。

比尔·盖茨的神话

　　比尔·盖茨时常被误认为是那套广为流传"生活守则"的创造者，真不可思议。许多人相信盖茨本身创造了这些规则，但实际上那是查尔斯·塞克斯（Charles Sykes）老师的作品。事情的发生不是盖茨的错，但是让我们把功劳归还应得的人。塞克斯先生写了好几本书，虽然他的政治观点与众不同，但他已创造了一些孩子们应该懂得的、深思熟虑的智能。我的最爱之一就像这样的：

　　你的学校可能废除赢家与输家。但是人生并非如此。在一些学校，他们会给你你所想要的分数，以获得正确的答案。留级已废除，而且班级毕业生致答代表也已废弃，更少人的情感受到伤害……当然，这与真实人生里任何最微小的事毫无关联。

确定孩子明白，他和你在家的日子与他在学校的时间有助于为人生做准备。像克里斯汀，她写给我带有秽语的信，这样的学生在无法顺其意时就会发脾气。**孩子必须学习拒绝，并接受失败是人生的一部分，总有再试一次或放弃的机会。**

假如天空是极限，那就设限吧

假如一个抢匪住在一个有八间银行的小镇，而七间已证实被破门盗窃，除非有人阻止，否则他还是会继续去抢劫那个很容易达成的目标。孩子也一样。只要父母与老师拒绝设限，孩子就会想办法钻漏洞。父母与教师需要加强合作，坚持道理，教导孩子对自己所作所为引以为傲。教师时常感到挫折，因为他们觉得父母在尽全力鼓励孩子上做得不够。同样地，一些杰出的父母感到挫折，因为他们觉得校方的要求太低。设定限制与期许应该共同努力。

教师需要把作业完整地归还给学生。假如一个学生得到低分，他惟一知道的是他功课做得不好。他必须重做作业直到达到较高的标准。要确定学生知道，平庸的人在学校与人生都无一席之地。

假如工作做得很懒散或没完成，父母应该要让孩子重来。假如碗盘没好好地清洗或衣物折叠得乱七八糟，让他们重新处理这些家事直到分内事正确地做好。这项规则愈早开始愈好。我不是提倡严肃、无趣与军事化教育的人。你在

别处听不到比 56 号教室更多的笑声。但是那是教育的笑
声，来自孩子们开心与自信，相信他们所做的一切都达到了
最高的期许。

~~~～～· ～～~~第五局结束~~~～～· ～～~~

红雀队继续领先。道奇队有过短暂的希望，但是一个双
杀结束这一局，红雀队以 3 分领先。孩子们有点儿难过，看
到他们家乡的球队失去数个得分机会而且还在努力拼命追
赶。凯萨认为比赛的输赢仍然尚未定论。他了解在赢与输
之间有细微难以置信的界线——谁也不知道结果。一支安
打或一个意外的好球也许会造成不同。我提醒他人生也是
如此。

孩子们在记分板上填写时，我想到自己的统计资料：输
得太多与赢得不够。假如只是好孩子与坏孩子就还好，但是
敏锐的人了解不是那么简单。这儿有五个敏锐的小孩，他们
正采纳高期许与自我要求优秀的人生形态。当我想到克里
斯汀时，她亮丽的未来就有点晦暗了。她也曾经在这些新一
代的座位上填写着记分板。有件事是肯定的：我们必须竭力
推广金恩博士的挑战。愈大的希望愈能导致心碎的挫败，但
是有时候确能成功。

当限制加强时，不是所有的年轻人都会被击溃。像玛
莉，我曾经不让她去俄勒冈的莎士比亚节，因为她功课没做
好，但在高中她表现得很出色。今年年初，她写给我一封有

趣的电邮，因为我不断唠叨要她朝较高的目标前进而开了我一点玩笑。

亲爱的雷夫：

我是玛莉！抱歉我没来拜访你和新班级。我只是想到我以前遇见的一位老师，他了解我们，还来看我们演出莎士比亚的戏剧。他认为小孩子能表演全本的莎士比亚很了不起。他也记得我们班唱的许多歌。我非常感谢能在你所教的班级，而且我想要对你说谢谢，因为你对我如此严加管教。

雷夫，你给我许多机会。你总是告诉我"像莎士比亚那样地扫街"，但是我想给你一些忠告，在你不断唠叨那些小孩子时，应该加上：假如你遵守忠告就不用扫街！因为你会有比那更好的机会！我想当个兽医，而且我会尽我所能表现杰出。

这方法奏效了。让我们归功于聪明的母亲，她不允许女儿在失去特权时自怜自艾。玛莉面对教师与父母联合起来的正面力量，这些力量告诉她追求幸福需要牺牲和努力，他们自认为该有的特权其实错得离谱。谢谢她的努力，我深信生病与受伤的动物有一天会找到优秀的兽医。玛莉会以传统的方法去达到她的成功。一句老话：她会赢得一切，不负众望。

第六局

彗星美人

红雀队的第一棒打击手在第六局上半场失误地击出一个界外球,球"咻"的一声飞到我们这一区,离我们的座位几排远。那个球击中走道的台阶,然后弹回高空中。当它落下来时,直接打到一个大约八岁、和父亲在一起看球赛的小男孩。那个小男孩带着棒球手套正要去接球,一个成年人扑在他身上也抢着要接球。这个闯入者夺得宝物,回到几排远的座位,而那位父亲倾身去安抚他的儿子。

自私。

自私形形色色、可大可小,可以理解却常常令人失望。人不为己,天诛地灭。非比寻常的孩子学习超越自己,把眼光放远,但是教导同情心与无私并不容易。因此,**父母与教师必须尽量花时间去帮助孩子明白**,他们不是宇宙的中心。或许有一天别人会让那个小男孩去接球,而非让那个粗鲁的家伙破坏了他美好的夜晚。

幸好,奥斯汀来解围。身为道奇队的来宾,我的学生在球赛前到球场去看击球练习,其中一个教练非常好,他给每个孩子一个棒球。事实上，每个学生都拿到一袋礼物，里面装着各种不同的好东西。道奇队的慷慨大方激励了奥斯汀，他走下走道，把他的棒球给了那个小男孩，那个小男孩立刻快乐起来了。那位激动的父亲看着奥斯汀走回座位，并且对我们点头以示感谢。

肯尼迪总统的就职演说激励了美国人，他演讲的主题是唤醒无私。他向他的美国子民提出挑战，要他们把个人欲望搁置一边，并且问自己能为国家做什么。这强有力的演说随时都能在新闻上看到。那是一种激励人心的呼唤，同时是给父母与教师的最佳激励，协助他们面对令人气馁的工作：**向天生叛逆的小孩子解释利他主义。优秀的父母或教师能帮助孩子明白无私带来的伟大奖赏**，但是这些回馈未必能有立竿见影的效果。有时候，教导孩子无私似乎会带来反效果。教导一个能高瞻远瞩的孩子发展无私的胸襟需要花费很多时间与努力。

虽然奥斯汀无意出风头，但是我们周遭的观众都留意到他给那个小男孩棒球。许多观众席上的成人对着奥斯汀露出认同的微笑，竖起大拇指。这些仰慕者似乎想着："假如更多像这个孩子的人，不是很好吗？"

然而，奥斯汀会是第一个对自己的善举轻描淡写的人。他不假思索地立刻放弃他的棒球。过去一年，他调整自己的观点，包容他人，而这样的改变不是与生俱来的。**孩子并不会因为长大成熟就不再自私**；事实上，利己主义的孩子通常会长成以自我为中心的成年人。**利他主义是一个重要的特性,愈早去教导愈好。**如同这本书所提到的所有训诫,改变是循序渐进的,经过一连串的训诫与提醒,才能让孩子成长。《星球大战》(Star Wars)的粉丝会引用伦纳德·尼莫伊(Leonard Nimoy)的角色,斯波克在《星际旅行2》(The Wrath of Khan)中曾提醒柯克舰长:"大多数的需要超过了少数的需求。"

始终如一

有些与艺术有关的课程中,如戏剧或音乐会,标准程序是依据学生要表演的角色把学生分开。戏剧老师时常只依当天他们所"需要"的特定场景和学生排练。这在音乐与运动方面也是一样。可以理解教师需要用这种方式给一起排练的孩子更多个别指导。然而,却会失去教导某些远比演出或音乐会排练内容更重要的事情。

我们班花一年的时间制作一出莎士比亚的戏剧时,所有的角色都来参加排练。的确,有时候某些孩子得干坐一个多小时看其他人排练。可能是舞蹈练习,也可能只是10或20个人的一个镜头,而其他40个人则在旁边看着。但是让所有的孩子都来参加,是为了帮助他们克服自私的倾向。秘诀就是我们先前讨论过的:聚精会神。还没有排到的角色不准无所事事地到处游荡;他们必须专注。**孩子必须花时间去看其他人在达到完美之前的对、错与努力。**过了一会儿,就会发生美好的事——学生开始微笑，并且分享其他人成就的喜悦。只让特别的孩子排练会更"有效"，但是这得在表演是最重要的前提下。而问题在于我们的表演并非最重要的，孩子才是最重要的。**教导他们去支持同伴，欣然接受其他人的进步，比起几分钟的全场起立鼓掌更重要。超越自己，放眼世界，对一生都有帮助。**

我是在 1987 年从伊恩·麦克莱恩爵士那儿学到这论点的。他很殷勤地带我的学生到圣地亚哥去看他出色的个人秀，叫做"扮演莎士比亚"（Acting Shakespeare）。表演结束后，伊恩爵士让孩子到他后台的化妆室，并且问他们那出戏里有多少人在表演。孩子们很困惑，因为答案似乎很明显，那就是"一个人"。

"错了，"伊恩用温和的语气责怪着。然后，他介绍了超过 20 个的后台工作人员。"这是劳伯特，今天他负责卖票。这是温迪，她帮我准备茶水。这是苏珊，她负责灯光。"这位演员继续介绍了好几分钟，孩子们聆听着，开始点头理解。那时，化妆室里变得鸦雀无声，所有的目光都盯着这位伟大的演员，他做了总结："这不是一场独角戏。"

英俊、聪颖与毫无价值

自私以各种形式出现，最常见的是：人们的要求超出合理范围。就像孩子们要求比其他人更多的时间与关注，或是第一块比萨还没吃完又要一块。这问题常牵扯到一个不好的状态：那样的孩子不明白周遭还有其他人。

约瑟夫是一个出色又非常积极进取的孩子，命中注定要做大事。他英俊、友善，风趣。虽然具备这些特性，他仍然和普通人一样，受到自私的影响。

并不是说他是一个坏孩子，但以自我为中心的行为时常让他无法表现得最好。人生的成功远比在考试中得高分意义更重大。约瑟夫具有成功的潜力，但是**即便高成就的学生仍需虚心学习**。

年轻的约瑟夫赢得奖学金，可以到一所精英寄宿学校就读。有个晚上，有些向来行为不端的学生，触犯了校规。一如许多青少年，那些孩子认为他们的举动没有偏差。犯规行为被发现时，行政主管把他们的父母都找来，因为校誉受到打击。约瑟夫是其中一个触犯校规的人。他的父母非常震惊地得知，假如再触犯校规，他甚至可能被退学。尽管惹上这种麻烦，约瑟夫的成绩仍然是优秀的。基本上他是一个好孩子，但这并不足以禁止他去做极为愚蠢的事。

有时候，甚至如此严肃的训诫也无法完全被理解。虽然约瑟夫对此事件感到抱歉，他那"惟我独尊"的人生哲学仍旧没改变。过了一年多，我带学生去大学参观，他是 20 个高中生之一。在宾州大学，我买纪念品给他们。我站在收款机旁，很快就成为一棵圣诞树，身上挂满了运动衫、三角旗与帽子。约瑟夫选了一件价格惊人的汗衫，上面的牌价是其他孩子选的任何物价至少 3 倍以上。在他把那件汗衫放在我因重量而下垂的手臂上后，他问我是否可以再拿第二个纪念品。我用眼神回答了他。虽然他有高智商与令人印象深刻的履历，但约瑟夫还有太多要学的。

让一个孩子从他眼前的世界去思考整个世界的确不容易，但是就算孩子具有非凡的潜力，那也是必须学习的。有时候，我对约瑟夫的举动感到很受挫，我觉得他还没学会拒绝自私。稍后你会发现，我完全错了。

第六局中场

球场的摄影机正聚焦在球迷上，他们正尽量夸张地舞动着，希望能被拍到，出现在大屏幕上几秒钟。在我们这一区有个女士出现在屏幕上了，然后她花了 15 分钟用手机通知她所认识的人分享她的荣耀。

有趣的是，其中一个负责摄影的工作人员来到我们这一排，虽然他们并不知道我们之中的杰西卡是一位出色的舞者。我们班有一位出色的舞蹈指导，名叫莎拉·史凯格（Sarah Scherger），是能寓教于乐的杰出教师之一。我问杰西卡是否想要在镜头前跳个舞，但是她静静地婉拒了。

"莎拉教我们不要炫耀，"杰西卡静静地解释，"而且我们不是来表演的。我们是为道奇队而来的。"

她是一个相当好的孩子。道奇队或许会输球，但是今晚我花的钱真的很值得。

∼∼∼∼∼∼∼ 第六局下半场 ∼∼∼∼∼∼∼

道奇队仍然落后3分。排名在前的投手仍然没上场,孩子们期盼着下一局。有些道奇队较弱的打击手上场了,但是孩子们仍然充满着希望。

在屏幕上大出风头的群众仍然在我脑海里跳舞。毫无疑问,这样很难去激发孩子发展慷慨大方的品德。我们的社会文化宣传自我本位的行为。运动员与流行歌手肆无忌惮地表现并霸占着头条新闻,而世界上的严肃问题却都被忽略了。**我们目前的状况是:人们希望以成为名流而闻名,而不是以完成任何有意义的事而闻名。**

自私还有更隐晦的一面,是孩子们必须明白和避免的。大多数小孩都明白贪心不好(《华尔街》的戈登·盖葛,抱歉了)。然而,还有其他的自私形式必须被明确提出。例如:以自我为中心的行为导致的卑鄙,以及以自我为中心更危险的部分,那包含了对他人的操纵。这所有的形式必须被分门别类地放置于孩子的书包里。他必须认出这个敌人,而这个敌人通常来自我们内心。

∼∼∼∼∼∼∼ 昆虫专家 ∼∼∼∼∼∼∼

关于自私,乔治·奥威尔在《动物庄园》中警告过我们;肯克合唱团(Kinks)的雷·戴威斯(Ray Davies)也在《20世纪的人类》(20th Century Man)中唱着;最近,喜剧演员瑞奇·热维斯更在《办公室》(The Office)中挖苦着。自私无处不在，而其中最糟的形式是昆虫专家。每一个人，甚至是小孩子，偶尔都会碰到滥用权力、麻木不仁的人。我曾看到三年级的孩子尿湿裤子，因为他们没有得到老师允许而被禁止使用厕所。严格的看管和约束是没有错，但**即便是孩子也必须有机会学习什么是通情达理，什么是自私自利**。

每个孩子有一天会发现自己在工作中必须执行或完成一连串的任务。他如何面对这些责任会带来的不同后果。对工作负责，就表示承担某种程度的义务，而孩子们必须学习如何使用权利以做出考虑周详的决定。为了让自己好过一点，他们是否会自私地把权利当做武器去攻击他人？或是他们会明白，像蜘蛛侠所说的"能力愈大，责任愈大"？最重要的是帮助孩子明白，并不是每条规定都是拍板定案，**如果没有良好的判断力，即使是权威也不会博得尊重的**。当别人失去了快乐与成功，而你只顾着自己，这就是一种自私，这是所有的孩子该学习去避免的。

奥斯汀最近和我谈过，他很想念他最喜爱的一位老师。这位老师辞职的原因是因为一些对她有误解的主管持续找她麻烦，因为她没正确遵守行政单位所规划的每日课程。事实是：这些学校领导忽视了在教室里所发生的一些美好的事。他们似乎更关心如何自私地行使权力，却不愿花时间去了解那位老师的课程对多少学生有帮助。监督人员监督着，但却不去了解。**危险的是孩子们，除非有不同的教导，否则**

他们长大后时常会模仿他们在成人身上所看到的自私行为。但是，假如我们仔细、小心地帮助孩子明白这些自私的后果有多么伤人，未来他们成为监督人员时，我们就能激励他们表现得更好。

挚爱老师的离职，有助于奥斯汀明白自私的负面影响。可能也是因为如此，在这局比赛一开始，他决定把自己的棒球给那个小男孩。自私能造成连带遭殃的受害者。奥斯汀辨别出这个弊病，并且提供解决的方法。

·∽∽∽ 自私式仁慈的矛盾之处 ∽∽∽·

每个圣诞节前夕，霍伯特莎士比亚成员去教堂唱圣诞歌娱乐那些无家可归的人，并帮忙发放衣物给他们。孩子们留意到，有些义工很爱抱怨，并且似乎没有爱心。这是一种令人困扰的观点：即便参与行善的人，也并非因为正当的理由。

多年来，孩子们在这个地方目睹显而易见的自私行为，重点是与仁慈相反的一种冲动。成人们确实从孩子们那儿抢走食物的盘子，而且不让他们给饥饿者食物。他们的行为真是够奇怪的，就因为看到孩子时常比他们更迅速有效地服务着无家可归的人而觉得沮丧。这些以自我为中心的人只想到自己，而不是想要帮助不幸的人。许多人时常太晚来帮忙事前准备，而且在辛苦的清理工作结束前就离开。

看到这，孩子们的结论是这些"帮手"只是来告诉别人他们"已尽了本分"。帮助别人似乎是他们最不想做的一件事。

这是尖锐的批评，但是让孩子观察到如此伪善是好事。幸好，多数在游民收容所服务的人，有着激发慷慨的高尚心灵。

孩子们会看到这两者间的细微差别：**大多数人的行为是真正利他行为，少部分人有时表面上似乎很慷慨，私底下却很自私。**那启发孩子要为正确的理由去做正确的事。

自私令人心寒

《彗星美人》(All About Eve)，1950 年奥斯卡最佳影片，描述一个诡计多端的女人伊芙（安妮·巴克斯特饰），她假装敬佩玛歌，一个百万富豪但是上了年纪的女演员（由著名的贝蒂·戴维斯饰演），但那敬佩只是手段。伊芙运用各种手段去破坏玛歌，并且接管她的生活。很遗憾，这不只会发生在好莱坞的影片里。

苏珊是一个天才年轻音乐家。数年前，我教过的一些学生是她的朋友。这些孩子有一部分是星期六早上大学预科班的学生，他们极力夸赞苏珊的个性与仁慈。星期六早上的班几乎全是以前的学生，很少让其他人参加，但是苏珊是个例外。她的甜美与对这个学习机会抱持感激态度赢得我们的心。她花了大约三个月学习，并且报名了次年夏天去俄勒冈的莎士比亚节。

但是，其实苏珊从未计划去莎士比亚节。56 号教室的孩子都在争取这项特权，惟一被取消资格的是那些想靠裙带关系的人。从某方面来说，这对他们将来的成功很有帮助，但是让孩子们觉得自己的辛勤努力被人利用了，却一点也不好玩。苏珊是要利用她与这个班的关系去赢得一所优秀音乐学校的旁听机会，然后立刻消失。我的确很有挫败感，但是比起和苏珊做朋友的学生的愤怒以及受伤的感情，那是微不足道的。最后苏珊赢得奖学金去了现在她就读的学校。

面对家长是最最困难的。悲哀的事实是，自私的人总是如其所愿。或许这残忍的真相说明了为何我们喜爱童话故事，在那儿好人总是出人头地，而坏人总是得到应有的报应。

但人生不是童话，当世界上所有像伊芙与苏珊那样的人如其所愿时，教导孩子无私的举止是很棘手的。**所以孩子必须明白，当伊芙与苏珊如其所愿时，她们所失去的是什么——朋友的信任与尊重，最重要的是能为他人创造与众不同的人生机会。孩子必须明白，自私的人对这个世界的方式很狭隘，只能看到人生很肤浅的一面，无法享受人生更多的乐趣。**卓越非凡的孩子会想到其他人，因为他们知道如其所愿往往不是重点。父母能帮助他们往远处看。

仁慈的书包

在教堂里奉献，或在感恩节提供食物给无家可归的人，都是仁慈的行为，但是老掉牙的说法仍然是真理：善行从家里开始。孩子在家拒绝自私时，会开始明白仁慈与慷慨不为特殊场合存在。在美国兄弟会周上，讽刺作家与作词家汤姆·李勒（Tom Lehrer），低声唱着"要心存感恩，因为好景不常在"，精彩地凸显出了这观点。**一个慷慨的心灵不能只是暂时的，应该是一种生活方式。**

心灵的食物

孩子必须参与餐前的准备工作。现在的孩子被叫到餐桌前——通常是从电视机面前——饭菜都已经准备好了，食物放在他们面前。他们狼吞虎咽，在吞下最后一口食物前，心早已迫不及待地回到当天的电视节目上。

应该培养孩子积极主动地帮忙准备食物或安排餐桌，而不是只在假日才能学到与他人分享、无私的行为。

我们班每天放学时会玩一个游戏，访客们都很喜欢。你可以和孩子在餐桌上玩。那不需要准备，而且是教孩子无私的附加价值的课程。在我们班上，我们叫做"赞美游戏"。

歌手乔治·哈里逊（George Harrison）写着："当你超越自己，你会发现心灵的平静就在那儿。"这激励了无数的人，而我就是其中之一。多年来，我一直思考着如何让孩子超越自己。

在多数的班级里，一天的结束包括整理教室与确认回家作业。那确实是重要的事情，但是我确信他们五分钟内就可以完成。然后，我们就开始玩游戏。孩子们自发性地举手称赞班上或他们人生中的某人。典型的情况可能包含下面的评语：

丹尼斯：我想要感谢迈克。今天，我在做手工艺时碰到麻烦，他停下自己手上的事，帮助我钉钉子。

爱莎：我想要称赞瓦士奎先生。今天，他帮我在图书馆找到我需要的书。他真是一个很好的图书管理员。

雷夫：我想要称赞凯文。我认为他在学校进步很大。我记得他四年级时从不做家庭作业。现在他把功课都做好了。他比以前更出色。

（其他的孩子都鼓掌。）

这是结束一天最好的方式。在餐桌上，充满关爱的父母时常要孩子谈谈他们的一天，他们在学校过得如何。这是一个有意义的活动，但是加入称赞的话更好。**每晚花几分钟时间，孩子必须停下来思考在世界上所有的人**，从同学、家人、老师到陌生人，因为他们，他的生活变得更好。只要五分钟，能影响终身无私的行为。引用作家沃利·兰姆（Wally Lamb）所说的："我知道这千真万确。"因为通过赞美的游戏，孩子会超越自己、明天、后天甚至是未来……

麻烦您了，邮差先生

从孩子会握笔那一刻开始，写感谢卡就是必要的事。由于电邮与短信的兴起，真诚地对别人表达感恩越来越少。当一个小孩子知道要为另一个人的仁慈写感谢卡时，他就会花时间去思考该送什么生日礼物，或别人花了多少时间挑礼物。在拆开礼物时，除了礼物本身以外，自私的孩子不会去思考那还包括了另一个人的心意、所牺牲的时间与所花的金钱。写感谢卡的过程会留给孩子与送礼者持久的记忆。

感谢卡不必花钱买。但一定要整齐地书写与呈现。如此细心地付出，会让接受者真正地感激。接受礼物的年轻人花时间了解其他人的慷慨时，会因而受启发而变得更懂体贴。

机会与命运（不是在玩大富翁）

好的学校时常会有小区服务。教育孩子必须在老人中心、托儿所帮忙，而且他们服务的时间和次数需要有成年人见证与记录。这是很有价值的活动，但是学生必须真正明白他们要完成的服务的重要性，这是为了让世界更美好，而非只是为了改善成绩单。

假如父母想要孩子接受肯尼迪总统的挑战，他们必须设定一套行为规范。全家一起为小区服务是很好的点子，选一个改善小区的动机，可能是一周一次在无家可归的庇护所服务或自愿进行清理涂鸦。假如你的行程表允许你在一年有数周的时间，为仁人家园工作是另一个很棒的选择。无论什么动机，假如最后让乐于助人成为他们人生的一部分，不再只是一份待完成的作业，而是如同饮食或呼吸般自然和必要。

真正的利他主义

1963 年的影片《流浪汉》(Lilies of the Field)，薛尼·鲍迪(Sidney Poitier)主演，是一部适合全家观赏的最佳影片。鲍迪饰演荷马·史密斯(Homer Smith)，一个工匠，他被诱骗去为一些就像《真善美》(The Sound of Music)里最顽固的修女建造教堂。当荷马开工时，他拒绝让小区帮忙，认定那是他独自一个人的工作。随着影片情节的发展，史密斯虽然是在"帮助"别人，自私与傲慢却阻止他视野更广阔。荷马学会了去接受陌生人的仁慈，而且他的个人成长因为有了小区的慷慨，远比他自己个人的成就更大。

当你的孩子想要在班上独占鳌头时，确信《北非谍影》是自私的最后一个考验。这部背景在第二次世界大战时的经典之作，是 56 号教室的情人节主题，但是影片的训诫是历久弥新的。不论男孩与女孩都爱上了亨佛莱·鲍嘉(Humphrey Bogart)饰演的硬汉、夜店店东、瑞克·布兰。他谈论他自己："我不为任何人伸出脖子。"像《亨利四世》(Henry IV)里的哈尔王子，表面的肤浅隐藏着深藏不露的高雅与荣誉。

假如你是地球上尚未观赏此影片的少数人之一，让我稍稍简述本片。主角是三个绝望的人，他们在摩洛哥的卡萨布兰卡(Casablanca)，1940 年，纳粹准备去占领这个城市。伟大的性格演员如克劳代·雷(Claude Rains)和彼得·罗拉(Peter Lorre)，让每个镜头都值得怀念。那剧本很杰出，而且几乎每一句台词都被数百万计的忠实拥护者牢牢记住。

瑞克有两张通行证，允许他们的店东逃离卡萨布兰卡到美国去。他和保罗·汉瑞德（Paul Henreid）饰的英勇反抗者维克·雷兹（Victor Laszlo），都爱着艾莎——由美丽的英格丽·褒曼（Ingrid Bergman）所饰演。表面上是鲍嘉要把维克交给纳粹，而且利用那两张通行证和他所爱的人一起逃亡。但是，结尾却令人难以忘怀，他留下来，送走了艾莎与维克。当他们离开时，他对她说："艾莎，我并不擅长高尚，但是我不需要花很多时间就能明白与这疯狂世界相比，我们这三人如此渺小。有一天你会明白的。"

这是难以置信的牺牲行为，一个感动了观众（而且许多观众哭泣了）60 多年的牺牲行为。《北非谍影》中的角色为着更伟大的永恒而放弃了自己，这样的训诫永生难忘。

和书本一同成长

对小孩子来说，谢尔·希尔弗斯坦（Shel Silverstein）的经典之作《爱心树》（The Giving Tree）是必须要阅读的。在书里，一个小男孩和一棵树做了朋友。在他人生的每一个阶段，这个小男孩为了各种不同的理由利用了那棵树，从遮蔽处到建造材料。故事结尾时，细心的孩子时常为那棵树感到难过；在故事里，那棵树已给了那个人一切。那是一个完美的寓言，**让孩子去思考施与受之间的平衡**。

哈伯·李的《杀死一只知更鸟》充满着许多惊人的引句，那些引句可比《哈姆雷特》，令人难忘。为了教导孩子选择慷慨而放弃自私,应该花时间去讨论史考托对波雷迪的话。在苦难结束时她说:"邻居带来象征死亡的食物、带有疾病的花及介于两者之间的东西。波是我们的邻居,他给我们洋娃娃、坏掉的表和表链、幸运币,还救了我们一命。但是邻居付出了爱心。而我们从未回报他。我们什么都没给他,那让我好难过。"

任何花时间学习这一段话的人,**要记得回报和感恩**。当我们的孩子这么做时,你已经完成一项很艰难的工作。你应该教导孩子呼应林肯总统所说的:我们要**找出"人性中更美好的天使"**。这世界会更美好,你的孩子会更快乐。为了达到此目的,所有的讨论与努力是值得的。

第六局结束

局势好转了。道奇队意外安打得了几分,接着一个并非强棒的打者击出一支全垒打。套用马克·吐温的话:晴天霹雳。比赛是5:5的紧张局面,还有三局。孩子们好兴奋。凯萨,这一群孩子里的最崇尚健康饮食的人,想要知道我是否能提供给他一些额外的钱去一个叫做"健康餐盘"的摊子买些水果。

我一向无法提供额外的钱。教师的薪水不高,而且球场上的食物贵得吓人。不过,今晚我有很多额外的钱给孩子。上个月春假时约瑟夫来看我,他曾是那个多年来只想到自己的年轻人。童年时,他读了也看了以上所讨论的书与影片,并且花了超过他想象的时间去记住关于自私的漫谈。那天，在宾州大学，我得支付 20 件衬衫与三角旗的费用，而当他还要有更多要求时，我便不想再跟他多费唇舌。

但是，你永远不会知道你的努力最终会被放在心上。约瑟夫，这个天才的年轻人，利用寒假与春假在一个科学实验室里实习，而且表现得很突出。那个实验室原本不付给他钱的，但是他的表现如此令人感动，于是他们给了他一千元。对一个没期盼什么的孩子来说，这是笔巨额款项。

隔天，他把钱领出来，花了一百元搭巴士从寄宿学校回到 56 号教室。把剩下的钱都给了班上。

凯萨吃到了他的水果沙拉，而约瑟夫就像道奇队的外野手一样，击出了一支安打。

第七局

比天还高

~~~•~~~ **第七局上半场** ~~~•~~~

观众出奇的安静，人群逐渐变少。道奇队重整旗鼓，拉近比分，然而数以千计的观众却往出口走了。

很幸运，其中包含了我们前面的男士和那个小孩。在准备离开时，他设法用旗子戳了一下其中一个学生。因为视野没有了障碍，那些自私的人也确实离开了，孩子们期盼那晚有个令人兴奋的结局。另一位道奇队接班的投手进入球场，孩子们忙着在计分单上写下他的名字与号码。

这是他们第一次观看球赛，学生们表现得非常好。他们为道奇队欢呼，但也恭敬地为红雀队喝彩。他们的行为举止良好，并且把他们的区域维持得很干净。这些年轻的学生互相帮助，学习一些球赛的知识。最好的是他们就像蛋糕上的糖衣：球场上很少人注意到他们。为了达到更高境界，他们展现了所有个性中最重要的特征：

谦逊。

谦逊甚至比自私更难教导，理由有两个。第一，我们都

135

需要也喜欢时不时地被称赞。想要别人知道我们的成就是很自然的。第二，在达到谦逊的路上有个障碍，那就是我们的社会秩序鄙视谦逊；在我们的社会里，出名的总是那些最可憎、傲慢与厌恶的人。从运动、娱乐到政治，那些自吹自擂、不断夸耀功绩的信息疲劳轰炸着我们，赢家奚落输家。擅长做事还不够，还必须以羞辱与降低他人来强调自身的成功。收音机的广播、网络与数以千计的电视台充斥着尖声喊叫的人，呼唤着大家去注意他们希望赢得的利益和名声。

一群迟到的年轻人，现在又混在安全出口的人群中。当他们到达阶梯的顶端时，他们的教职员带领着他们高声呼喊着：

我们最棒！

我们最棒！

我们最最棒！

这呼喊重复了大约十几次。坦白说，我不确定是用什么标准来下这个结论。从他们冷漠的外表，我质疑他们能告诉你球赛的术语或分数。他们的座位乱七八糟，周围满是洒了的饮料与垃圾。

我不是要严厉地批评这些孩子。要批评很容易，而且对还不清楚状况的人来说，要做到这一点实在太难了。我曾经是一个年轻的教师，担心自己不被认可，所以我很清楚危险的迹象以及想要努力克服被注意的需要。

资深的教师很清楚年轻教师会经历多少辛勤努力。新晋教师要投入很长的时间与坚持才能带领一个班级，他们对学生传递的是有关周遭环境的重要信息，而非教学效果不彰。当克服阻碍并且完成有意义的事情的时候，渴望全世界看到自己的成果，并给予喝彩和认同是完全可理解的。

我认识一位全世界最好的教师戴威·克兰本（Dave Crumbine），一位有魅力的杰出教师，他住在得州休斯敦。没有人比戴威更努力、更善体人意与更具备教学的天赋。他的学生很优秀，因为他的勤奋鼓舞人心，而且真诚地渴望去帮助他们。只要是进入他的教室的访客都想再当回学生。

戴威喜爱教历史，而且一年有两次带他的班级去华盛顿特区。他相当喜爱托马斯·杰斐逊（Thomas Jefferson）总统，而每年去杰斐逊故居蒙蒂塞洛（Monticello）的旅行是整学年最精彩的部分。感谢戴威的坚持不懈，他的孩子比许多成人还了解美国的历史。与戴威的学生在一起是极奇特的经验。

但即使是杰出的教师也有些事该学习。年轻时候，戴威时常告诉许多朋友与崇拜者，他最想做的是在蒙蒂塞洛这类历史景点当向导，最好能发现比他这向导知道更多的历史的学生。想象他为此付出巨大的牺牲与努力，戴威那样想是可理解的。他以他的学生为荣，而且决定炫耀他们披荆斩棘的能力。

但是，一山还有一山高，其实是否有人知道你的孩子是优秀的根本不重要。当孩子变得优秀时，那优秀本身就是个奖励了。慢慢地，戴威终于明白一个重要的道理：**我们学习历史，是因为喜爱知识，而不是为了要给人深刻印象。**这让他改变了；这改变也让他成为一个更好的教师，而且他的孩子比以往更优秀，虽然没有人知道他们达到了更高的境界。

我曾经跌到谷底。在 20 世纪 80 年代初期，身为一个新晋教师，我提出申请到洛杉矶联合学区教莎士比亚帮助学生学习英文的教案。没有人采信这个教案，我收到傲慢的婉拒信。我太年轻；孩子们能力不够；没有人会在乎一个已经作古的白人。我听到各种可想象得到的借口，去解释孩子们不会喜欢莎士比亚。

我是一个充满自豪与抱负的年轻人，所以我必须证明每个人都错了。如此一来，我看不到此教案的目的。那只是变成一个我得以说出"我早告诉过你"的机会，而不是帮助学生学习英文。承认自己如此固执是很尴尬的，但那是人生之美：我们从错误中学习、成长。

在圣地亚哥公园的剧院，我的坚持达到疯狂的顶点，我要对全世界炫耀我的学生学习莎士比亚是如此成功。那个剧院有着美丽豪华的舞台，多年来孩子们和我在宜人的夏天傍晚在此观赏着莎士比亚。

那个剧院周围是绿草如茵的区域，人们可以在看秀前休息与野餐。那是一个宜人的环境，尽管表演中不时被来自后方圣地亚哥动物园的吵闹声打断。我们不是直接进入剧院。

我习惯让孩子野餐后在草地上稍微表演一下，以向大家展示他们是多么特别。

我的妻子芭芭拉对此有点异议。她不断地对我唠叨说这些表演是不必要的，草地上的人们不是来看那些孩子的。他们有他们的计划，他们是否喜欢那些孩子并不重要。他们的认可无助于孩子学习英文、成长或过更美好的人生。当然，她是对的。

有一次，我听从了芭芭拉的意见，结果孩子对莎士比亚的知识的了解比我前些年的班级更优秀。我所有的精力聚焦在孩子身上，而不是其他人会怎么想。**我发现对别人证明自己是浪费时间，这个发现还获得大量的附加回馈——孩子成长了。**

这些日子，孩子受邀到世界各地去表演莎士比亚。这些孩子很开心，而且，正如皇家莎士比亚剧团的说辞："霍伯特莎士比亚剧团是如何与为何演出莎士比亚的最佳例子。而且看他们表演很好玩。"

说来讽刺，当我不再试着打动他人的心时，人们却被打动了！那是教导与练习谦逊之美的结果。每个人都是赢家。当我真正明白谦逊的重要时，便成为学生更好的模范。毕竟，当父母与教师的首要原则，是做个我们想要孩子变成的人。孩子们最近在俄勒冈莎士比亚节的表演后，一位充满热忱的教师对这个表演写下了她的感想：

在学小提琴时，我接受的是铃木（Suzuki）式的训练。它几乎专门集中精神在倾听、模仿与仿造上，这构想让学生能很快学会技巧，而且立刻演奏歌曲。

我猜想我相当擅长倾听，只要照着书本学立刻就精通了，而且很快。我很早就会演奏很难的曲子。后来，我发现我不但能演奏很难的曲子，而且演奏得挺不错的，但我真的不知道自己在做什么。没有人会要我坐下来，拿出莫扎特的协奏曲并说："好吧，你已听了数百次，但是，你感受到什么？"

但是，在这舞台上，我看到的比纸上的音符意义更远。我看到一小时又一小时的辛苦努力、专心致志与坚持。我看到一群孩子，他们明白坚持课程的价值，而不是选择一个快速、速成的解答。我看到一群孩子，他们在数千人的观众与两个观众面前同样尽力表演——一个真正音乐家的特质。我看到一群学生，他们练习得十分勤奋，不是因为他们追求注意或称赞，而是因为他们就是那样。他们的成就远比他们所做的所知道的更多，而那就是他们的本质。

在学习的过程中，细心的教师会把做对与做错的每件事都做总结。如果只注意结果（或期末考成绩），学生就没有乐趣，更别说真正的理解。即使是用心良苦的成年人也会忽略了真正重要的事。我学会在首演当晚教导学生不要因观众而分心，最重要的是他们成就优秀的自我，应该成为舞台中心的是工作本身。这么做之后，出色与快乐的表演就产生了。

·〜〜· 第七局的串场时间 ·〜〜·

一个红雀队最好的球员击出安打,让红雀队又得 2 分,结果圣路易红雀队以7：5领先。观众站起来唱"带我去看球赛",红雀队的超级明星球员离开选手休息区回到他的防御位置。我们后面的男士开始对他大喊大叫。有一个特别引人注目的人:

闹事分子:去你的! 去你的! (来自他朋友与周围观众的笑声)

雷夫:嘿,这位先生? (指向孩子)

闹事分子:你有什么问题?

雷夫:没问题,但是他们只有 10 岁。能不能小声一点点?

闹事分子:去你的! 你想怎么样啊? (拿起啤酒似乎要挟着要泼在我们身上)

雷夫:没事。抱歉打扰你了,先生。

爱因斯坦(Albert Einstein)把极端的愚蠢解释为"一而再、再而三地做着相同的事,但期盼着不同的结果"。我在愚蠢地试图让前面的那群人约束他们孩子的行为之后,又重复了相同的错误:要求某人用字措辞要干净。最有趣也最悲哀的是听了那些人的谈话后,孩子们发现其中两位居然是教师。

孩子们问我是否可以带他们去洗手间，刚好我也得去。年轻时，我可以喝好多瓶水或可乐而从不用离开座位。时间改变了一切。

就像大多数人一样，我认为上洗手间的时候通常是隐私时刻，所以，在隔壁小便池那位男士开始和我讲话时，我的确吓了一跳。他是坐在我们后面的其中一位男士，当我要求他们用字措词要干净时，他的朋友用脏话咒骂我。在洗手间的那位男士认出那些孩子，他们是在公共电视台上表演的霍伯特莎士比亚剧团，曾在学校教职员会议上表演。他想要道歉。他主动跟我握手，但是我想可能先洗手比较好。

那位老师：嘿，老兄，我很抱歉我朋友先前的行为。他只是好玩，你知道？他只是开了一点玩笑，你应该懂的，对吧？

雷夫：没关系。该回到孩子那儿了，你了解的。

那位老师：我能问你一个问题吗？

雷夫：当然可以。

那位老师：你为什么要这么做？

雷夫：做什么？

那位老师：你知道的。一直在忙。带着孩子到处走。

雷夫：因为我喜欢。教孩子很棒，不是吗？

那位老师：是啊，我也爱呀。你赚很多钱喔？

雷夫：没有啊。

那位老师:你写书,而且我看到你上电视。你应该可以退休了吧?

雷夫:嗯……

那位老师:少来了,这儿又没记者。就只有咱们两个。你为什么要这样做?

雷夫:我只是喜欢。

老师:少来了……

雷夫:好吧,但是就只在咱们之间说说,对吧?

老师:没错!

雷夫:我老婆想要一间新厨房。假如我的书或影片赚钱,她就可以有一间新厨房了。但是就只咱们之间说说,懂吗?

老师:我就知道! 谢了老兄。好好儿玩吧。

雷夫:你也是。

有一刹那,我绝望地试着去对那个家伙解释:身为老师,我只是想尽力而为地把工作做好。去解释我的生活方式或试着让他对我学生的能力与成就印象深刻,那会花掉我太多精力。

但如果告诉他我教书是因为我的妻子想要一间新厨房,会让他觉得好过些。就不用让他知道凯萨的成就或是悠悠的歌喉。如果是在几年前,我会试着去向他说明额外付出的结果,以及解释平凡的孩子如何能成为真正杰出的孩子。现在,我希望自己增长了一点智慧,已经明白试着向世界证明任何事都是浪费时间。这些日子,任何人问起为何我花如此多时间和孩子在一起,但事实却不能满足他们时,我总是回答那是因为我的妻子想要一间新厨房。每个人就快乐地走开了。

第七局下半场

孩子们准备好去看第七局后半场时,凯萨正练习着他在《皆大欢喜》里的台词。一个比他高两届、以前我教过的学生菲利斯指导过他。菲利斯是一个最好的学生,也是最好的人。他在 56 号教室上过课,不过他谦虚的个性与安静的力量有助于他保持谦逊。虽然他从不要求赞美,但年纪较小的学生都崇拜他。

菲利斯聪明又有天分,特别擅长演出喜剧。他的外形非常俊美,留着及肩的长发,而且舞台时间控制非常优秀。凯萨从这位良师益友处学了相当多的表演技巧。所有的孩子都尊敬菲利斯,因为即使他卓越的天赋让他气势凌人,难以招架,他依然维持着谦逊的典范。看到他的谦逊,孩子被激发去追随菲利斯的脚步。他不知不觉,设下仁爱与道德的标准。当他从中学回来在班上帮忙一天时,他总是选择最困难的工作。他是第一个清理脏乱污秽的孩子,而且也只有他会多花 20 分钟去教其他人所认为的“无药可救”的孩子。

因此,我一点也不惊讶班上最麻烦的学生总是在凯萨的护翼下。毕竟优秀的菲利斯指点了他。

～～～ 谦逊的书包 ～～～

为了要向别人证明自己，总会让我们表现得更好。许多家长放特大的贴纸在车上，以昭告天下他们的孩子是个荣誉学生。那可能是真的，但是不需如此夸耀。孩子表现好是很了不起的，但是"表现好"的本身应该就是奖励了。根据柯伯格的等级作为道德的架构，我们应该要我们的孩子做到阶段六。学生不该为了让邻居印象深刻而努力成为一流的思想家。一旦那特大的贴纸被撕下时，就是要加强谦虚的时候，**好让孩子看到非凡出众的人们，他们因为自我克制而显得更特别。**

不，谢谢，假期精神

在狄更斯（Charles Dickens）《圣诞颂歌》（A Christmas Carol）的结尾，艾伯恩纳泽·斯克鲁奇（Ebenezer Scrooge）答应在他有生之年会让圣诞节维持一整年。他开始不具名送给他穷苦的职员鲍伯·奎契（Bob Cratchit）一只火鸡作为奖品，而过去他一向对那位职员很不好。那是一个很棒的举动，不具名的礼物让所有一切变得更好。以前的电视影集《独行侠》（The Lone Ranger）也有类似的故事，蒙面的英雄做了好事后很快地消失了，留下受惠者说着："我们甚至没机会谢谢他。"那是一个感人的时刻，值得你对孩子循循善诱，节日假期正好提供了机会。

家人在感恩节与圣诞节贡献时间给当地的游民收容所，是很美好的经验。但是，假如像史罗吉一样，把这样的精神持续一整年，他们会达到更高的境界。有一个想法是整年在其他的假日里静静地做好事，我看到学生与家人庆祝植树节（Arbor Day），和当地的民众一起种树。我参观的一个班级花了整个国殇日的上午，匿名送礼物篮给退伍军人们。我的一个同事每年国庆节都参加十里路的健行活动，为肌肉萎缩症的研究筹款。

每个假日做一桩善行，让我们改善这个世界而不引起别人的注意，我们就能教导孩子谦逊的价值。每个假日都会有不同的学习机会：例如，在劳动节的野餐或烤肉活动之前，为那些不健康或经济状况欠佳的人准备一餐是很好的选择。有很多机构默默地行善，避免媒体或任何加诸他们身上的功劳。他们相信**慈善最好要谦逊地去执行**。利用假日让世界更好，你的孩子也会了解的。

来自世界的谦逊

有一部影片可用来架构与孩子谈谦逊的计划，你可以利用其中的教训与对话，那就是《太空先锋》（The Right Stuff）。这部影片票房并不理想，但仍然是出色的影片，我们在 56 号教室看过。影片里有些低俗的用语，不适合小孩子，但那是部很棒的娱乐片，以历史与人物的优秀训诫著称。任何父母想要教导孩子关于"正确的东西"的观念,这是很棒的补充品。让孩子去达到筑梦的本质很好,年轻人追求梦想、热情、勤奋、荣耀。然而,一旦在云端上,最基本的就是得让孩子明白他们很渺小,只是浩瀚宇宙的一小部分,他们的成就来自所有让他们成功的背景因素,而非只是因为他们自己就能成功。

片中最搞笑的一幕,以高登·古柏(Gordon Cooper),一个傲慢自大的飞行员为中心,由演技极佳的丹尼斯·奎德(Dennis Quaid)所饰演。在影片里,好多次,他问所有聆听的人:"你见过最好的飞行员是谁?"过了意味深远的停顿之后,他诡秘地笑起来,而且回答着他自己的问题:"那人就是我。"

但片中的事件改变了古柏的观点。影片结束时,在他上太空前媒体包围着他。他们问他最爱的问题:"你见过最好的飞行员是谁?"古柏露齿一笑并且准备说出他的标准答案。但是他所经历的事件让他的人格成长,使他不得不据实以告。他试着告诉媒体事实。有无数伟大的飞行员,他解释着,许多人在执行任务中牺牲,并且默默无闻。他试着提到查克·叶格(Chuck Yeager),他突破了声爆并且拥有"真正飞行员的特质"。

但是,没有人听。媒体不想听事实。他们不理古柏,而当他明白了没有人在意时,这位当红炸子鸡回到他熟悉的回答:"那人就是我。"媒体高兴地采纳了。

这个故事完整概括了父母、教师与学生面对的挑战。**学**

习谦逊很难，尤其当一个人明白我们的社会多半对自吹自擂较感兴趣。希望明白这一点会坚强我们孩子的决心，在他们寻求谦逊时发现正确的特质。

一张学习谦逊的书单

一旦孩子能分辨谦逊，他开始注意到在许多文学中的伟大人物有谦逊的特质。这里有一些阅读的建议，能有助于把谦逊留在孩子的脑海里。

在找寻如何达到谦逊时，时常会找到《圣经》和其他的宗教故事。李察·乌格（Richard Ungar）的《比天还高》（Even Higher）是犹太的民间故事，那是给小孩子的完美阅读。作品改编自一个犹太小镇匹瑞兹（I. L. Peretz）的传说。每个星期在人们要祷告时，小镇的神秘犹太教祭司就不见了。有关犹太教祭司的各种谣言到处流传着。当某些镇民散播卑鄙的故事时，其他人则认为他是登高去打开天门，如此上天才会听到子民的祷告。

有个孩子决定去揭露这秘密，他潜入那个犹太教祭司的家，躲在床底下。安息日时，那个小男孩震惊地看到那位宗教领袖偷偷穿上乡下人的衣服，潜出村子到森林里。在那儿，这个"乡下人"帮一个老妇人劈柴、生火并为她祷告，因为她太虚弱，无法自己背诵祷告词。那个小男孩回到村里，决定成为这个人的信徒，这个人的善行不为人知，甚至连那位妇人都不知道。当镇民问那个小男孩那个犹太教祭司是否到天上去,那个小男孩回答说:"他去的地方比天还高。"

在青春期讨论谦逊尤其重要,孩子们最易受到社会与同伴的影响。中学生已经可以阅读约翰·诺尔斯(John Knowles)的经典作品《独自和解》(A Separate Peace),他们应该更留意第三章。在第三章,达文学校的一个世界级运动员菲尼斯(Phineas),和他的朋友吉尼(Gene)一起游泳。他们附近没有其他人,而菲尼斯十分惊愕地发现,学校的游泳纪录不是由他们班上的人所创造。虽然没受过正规的训练,菲尼斯爬上一个跳板,跳入水中,吉尼帮他计时,但吉尼震惊地发现菲尼斯卓越的成就,并且惋惜没人看到,而且他也不是正式的计时员。他想要告知学校的报纸,让菲尼斯隔日再展现他的泳技。

但是菲尼斯却什么都不要,他只想要知道是否可以打破纪录,对他来说那就够了。如此与众不同的想法让吉尼不知所措。但愿你的孩子也一样。达到优秀是特别的,但是对世界宣告就不同了。

接着是《杀死一只知更鸟》。当反对者误解谦逊是沉默与软弱时,这是一本必读的重要作品。芬奇律师要帮助孩子明白谦逊确实是需要努力的。在第十章,芬奇的孩子,吉姆与斯考特觉得父亲令他们尴尬,因为他们认为父亲只是一个无能的老人家。当邻居莫迪小姐站出来为他说话时说"你们会吃惊的",那时他们对父亲并没有信心。

当疯狗跑到他们镇上的街道时他们才看清一切。镇民们害怕地蜷缩在关起来的门后时，塔特警长给芬奇一支来复枪去杀掉那只危险的动物。那谦逊的律师只用一颗子弹就把那只狗摆平了。吉姆与斯考特发现他们的父亲是全国最好的枪手。当斯考特打算告诉学校所有的孩子关于她父亲的枪法时，哥哥劝阻了她。吉姆明白谦逊可能很难达到，但那是力量的标志，而不是软弱。他终于知道他的父亲是真正的绅士，而且长大要像他那样。

一旦孩子站在吉姆的立场，他已为下一个训诫准备好了。狄更斯的《孤星血泪》（Great Expectation）是一本深刻但是很出色的小说，是高中生应该接触的。书中的年轻主角毕有个悲惨的童年，他的童年是与坏脾气的姐姐和温和的姐夫乔一起过的。毕希望他的未来会带来"伟大的期盼"。然而，他年轻时为了美丽又神秘的女孩伊丝特拉及奇怪的监护人哈维逊小姐感到苦恼。毕梦想着有一天他变成有钱人时，他也不会以他的姐夫为傲。他的姐夫在铁厂工作而且很努力。那个铁匠既没受教育又没礼貌，毕不认为乔是他应该效仿的榜样形象。乔固执地在铁厂工作，毕实在"看不到光明"。毕盲目地在财富与物质中追求快乐时，他愚昧地忽略了安静而谦逊的铁匠。而在铁匠的故事里，他应该找到更伟大的智慧与更深刻的性格。毕可能看不到真相，但是读者看到了，而且那是一个很深刻的训诫，可以让你的孩子认真审视他们自己的人生。

批评狄更斯的人时常贬低故事的悲伤结局，但是强调主题是需要的。显而易见，毕的故事不应该是快乐的，因为他从未了解他的问题的答案。他的傲慢自大阻止了他达到真正的快乐；发展谦逊的天性会是较好的选择。借着毕的悲剧，孩子们能学会谦逊的生活方式是最能实现个人抱负的。

最后，如果要让孩子明白，一个人想成功的话，谦逊是必要的美德，那么阿瑟·米勒（Arthur Miller）的剧本《推销员之死》（Death of a Salesman）会有所贡献。在阅读剧本时，孩子应该研究伯纳德的个性，那个太"宅"的邻居，他被威利·罗门和他的两个儿子瞧不起。在第二幕，伯纳德长大了，成为一个成功的律师，而且有个幸福美满的家庭。他谦虚地与威利谈着话，但马上得离开去工作。他一离开，他的父亲查理告诉威利，伯纳德正在美国最高法院前辩论。威利目瞪口呆地大喊着："他从没提过！""因为他不需要，"查理向威利解释，"他就放手去做！"

第七局结束

那个后援投手的罕见投法愚弄了两队的打击手，而分数仍是5∶5。孩子们继续练着莎士比亚的台词，而且在凯萨仿效他的良师益友菲利斯的发音与外表时大笑不已。然而，前一天，一向留着美丽及肩长发让大家所熟悉的菲利斯，顶着光秃秃的头出现在班上。那是相当时尚的表达方式。

现在，孩子们练习着台词，凯萨用餐巾把他的头包起来，盖住了头发，这引起他的朋友们歇斯底里大笑。当我对他们解释菲利斯的事，他们停止了大笑。我问他为什么剃头发，他告诉我他的一个同学得了癌症而且要做化疗。菲利斯决定把头发给他的朋友。我问他这是否是学校的方案。"不是。"他简单作答，而且回避地离开教室回家去做家务。

　　顿时，那笑声转成全然的严肃。孩子们震惊地默默坐着，但是，他们在想什么是很明显的。他们能演出莎士比亚，而且他们的测验分数好到足以让他们进入一所顶尖的好大学。他们精通可为棒球赛记分的数学，他们的礼貌教养无懈可击。

　　但是，有一天他们会追随菲利斯，他已到达更高的境界。

第八局

眼花缭乱的学校

在第八局开赛前的休息时间,观众们看着屏幕所提供的的娱乐节目哈哈大笑。镜头转向观众中的一对情侣,他们便开始以接吻取悦观众。

孩子们没兴趣去看陌生人亲嘴,他们的脑海里有更重要的事情。那已是 5 月底了,而他们的小学生涯不到一个月就要结束了,中学生活在向他们招手。

孩子们有可能会自动地去邻近的公立学校就读。甚至想都没想过去其他地方读书,和来自不相同地区的孩子一起去上小学、初中和高中。

时代改变了,我的学生没打算去他们当地的初中就读。这所学校的要求非常低,这也相对的造成该校教职员的劳累。这是悲哀也是可以理解的恶性循环。**社会价值观标准降低与贫困造就了学校的环境,那里的孩子愈来愈粗鲁无礼。这耗尽了教师的热忱与喜悦,而那该是教学的一部分。**当教师逐渐放弃时,孩子们变得更不守规矩了。那是一种恶性循环,而愿意在乎教学质量的孩子与父母时常向外寻找替

153

代学校,希望那儿能提供更安全更高水平的就读环境。

选择大学已不是新鲜事了,但是,今天,对许多家庭来说,寻找一个像样的教育机构的问题已从选择小学开始。有些家庭则全然放弃寻找,选择在家教育。寻找理想学校很难。把孩子留在家里对一些人来说是答案,但是其他人拒绝这种方式,转而支持在私立学校或选择的公立机构中的社会学术环境,如特殊中学或可以跨区就读的大型学校。无论他们的决定如何,所有关心孩子的父母都有一个共同的理由:他们不要孩子的启蒙教育陷入无趣、死板甚至悲惨的学校里。

本章涵盖的建议是给那些关切孩子读书环境,想找寻特别的地方让孩子茁壮成长的家长。

在乎差距

为了替孩子寻找更佳的读书环境,你可能会选择公办民营或私立学校。其中有些是优秀的学校,而有些则很普通。这儿有件重要的事要记得:基本上,这些学校会主动邀请你选择他们作为给孩子最好的教育所在。他们口沫横飞地说着:“把孩子送来。我们比当地的公立学校办得更好。”而且有时候,当家长理直气壮地要求教育机构证明如何履行它的承诺时,信任的差距就产生了。

在研究私立或公办民营学校时,父母亲必须问对问题。哪些问题能让父母亲对学校的学术环境有个真正的认识?

这里有个明显的问题："是什么让你的学校比较优秀?"他们通常会出示令人印象深刻的一长列测验成绩。标准学力测验已成为公办民营学校的最具说服力的证明,尤其是用以证明他们比其他学校还要更好。**评鉴是很重要,但不是全部。你的孩子将在你所选择的学校里花上数千小时;基于此,你的搜寻标准必须不只是测验成绩而已。**在无法以标准测验衡量的方面上,最好的学校能专注于如何在各个方面帮助孩子成长与有所成就。测验成绩不能表示过程,只能表示结果。他们在校方公开的简介上看起来很不错,但是与事实差距甚远。

例如,上一个夏天,我在星期天下午带孩子们去看道奇球赛。天气很热,令人不舒服,气温高达三十多度。学生们都买了有毛巾的帽子来保护脖子,脸上也涂着防晒油。我们走过停车场时,看到一个大约有 50 位学生的学校团体,站在柏油路上,在烈日下晒得很不舒服。这些孩子来自一所知名的公办民营学校,那所学校的"成就"享誉全国。他们很容易被认出,因为他们的衬衫上印着校名。这些孩子站在烈日下,满身大汗,有点乖戾,而一群教师在一旁"热烈"讨论着。几位教师觉得让孩子把衬衫塞进去是必要的,因为要在公共场合给人好印象,其他的则不同意。讨论应该持续了至少 30 分钟,因为我们直到第二局才看到他们进入球场。他们的衬衫是塞进去的,而那些孩子看起来很难受。球赛中,他们坐得离我们很近,可以很清楚地可看出大部分孩子不是有备而来的。他们互相扔食物，不太留意言行举止。整队人马在第六局时离开，而他们的衬衫仍然是塞进去的。

假如学校的教职员对孩子在球赛上的衣着比让他们学习有关球赛的知识更感兴趣，对你的孩子来说，这样的地方可能不适合。**让孩子成为优秀学生的地方应该是一个比较关心事情的本质，而非关心外在的学校。**

单一尺度无法适合所有学生

再优秀的学校在班级经营上也大不相同。有些学校颇负盛名，表现杰出，但这样的学校仍然可能不是你孩子最好的选择。**寻找适合的学校不但要确认那教育机构符合优秀的标准，而且要找出适合你孩子的教学方法，尤其是这意味着一个迥然不同的校园经验。**

珊曼莎和玛莉亚是我以前的学生，她们获得一所顶尖学校的青睐，并且得到六到十二年级的奖学金。她们家很开心。后来这两位学生就读于这所很有名望的学校，那所学校毕业的学生都去了最好的大学就读。看似梦想成真了。

从学术的立场，那所学校的证书是无可怀疑的。那所学校的课程非常专业，许多教师也是。大多数教职员是博学、勤奋与贴心的。英文与历史的阅读书单令人印象深刻，从古典到当代的多元文化全集。

珊曼莎和玛莉亚，两位来自劳工阶级背景的拉丁女孩，明白她们面前的路不好走。她们要去就读于一所颇具挑战的学校,那所学校很明显都是来富裕家庭的白人孩子。要成功需要努力去适应崭新的、不熟悉的环境。

几星期内,这两位女孩成为班上最好的学生。但是她们很痛苦。这两位女孩那时才 11 岁,谦逊又害羞。她们衣着朴素,而且外表与举止都合乎她们的年纪,但是大多数学校里的同伴并不是。有些同学看起来将近十七八岁。这些女孩的花枝招展让珊曼莎和玛莉亚觉得很不自在。适应环境比她们预期的更难。对她们来说,生活的步调似乎变得太快了,她们所碰到的女孩更关心社交,而非她们认为应该真正关心的事。

这两位女孩在那儿坚持了两年,因为父母亲要求她们忍耐,同时给自己一点时间去适应新环境。但事情发展得并不顺利。这两位女孩都决定在念完七年级后离开那所学校。有另外一所私立学校希望她们去注册。这所新的预科学校有着不同的学习环境——所有的孩子穿着朴素而且很少化妆。这所新学校有着不同但同样吸引人的课程。在这所新学校,这两位女孩学有所成,并且她们每一天都很快乐。适应新环境是最重要的了。

第八局中场

坐在我们后面的男士站起来要离开了,我可以感到孩子们默默地松了口气。在洗手间碰到的那位男士轻拍了我一下肩膀,而他的一位友人却不怀好意地瞪了我一眼。说实在的,带一群孩子看球赛不应该是这么困难的事。

在这引起一个重要的讨论。既然球场的人不像家人般的友善,许多人下了合理的结论:不要带他们的孩子去。为什么要带孩子去一个由酒醉的扰乱分子、举止不当的人所制造出来的不合适孩子的场所? 真的值得勇敢面对这类行为、好让孩子在球场上体验一个晚上的学习与乐趣吗?

这个问题的最佳答案是来自奥图 · 弗兰克(Otto Frank),通过一位名叫凯乐(Cara)的妇女发表的。奥图 · 弗兰克是安妮 · 弗兰克(Anne Frank)的父亲。在第二次世界大战中,他是集中营的幸存者,回到阿姆斯特丹的家,却得知妻子和两个孩子都被纳粹杀害了。在《安妮日记》(The Diary of a Young Girl)发行后,弗兰克先生成为全世界的父亲形象。凯乐是数千万写信给他的人之一,而且多年来,他们一直都保持着联系。

在 20 世纪 60 年代,美国的政治与社会剧变大大地影响了凯乐,在罗伯特 · 肯尼迪(Robert Kennedy)在洛杉矶被刺杀后,她写了封信给奥图表达了她难过的心情。在信里,她说她永远无法成立一个家庭,因为人生似乎太暴力太恐怖,她不想让孩子来到这个可怕的世界上。

她的信令弗兰克生气。弗兰克先生责怪凯乐说,他知道人生有许多的痛苦和苦恼。他直截了当地说凯乐必须有孩子,而且告诉她要把他们养育成好人,让世界因此而改变。

凯乐听从他的劝告,经营了一个美满的家庭。有一天,她来参观我的班,告诉我们弗兰克先生的来信。这封信的信息引起了我的共鸣,而且我明白这训诫不但适用于未来的孩子,也适用于目前的孩子。**我们无法保护我们的孩子免于遭遇不愉快,但是我们可以用发生在世界上的错误,让孩子明白如何免于重蹈覆辙。**那就是为什么我明知道很可能到处会遇到没水平的人,却还是要带孩子去看球赛——我们必须要改变。

第八局下半场

棒球是一种很美的比赛。很少有什么需要完成的事隐藏于表面下。当然,不同投手与策略的错综复杂可能是漫不经心的观众无法理解的,但是,对于理解道奇队来说很容易。如果他们要赢的话,就要三人上垒,并且得分。如果他们无法达成,就输了。这是显而易见,不用费丝毫力气就能理解的。

遗憾的是,为孩子选学校并非如此简单。有许多因素要考虑,而且在一天结束时,孩子的快乐却无法像列表显示的棒球统计数值一般被记录下来。此外,虽然有些学校真的很好,值得考虑,但也有些学校只是虚有其表。这种学校如同表面上了蜡的水果,那光泽会掩盖下面本质的真实面目。你所看到的不代表你所能得到的。

眼见不一定为实

大多数的学校都会安排父母亲参观校园。这样的参观日是必要的，但时常无济于事，只是天花乱坠的宣传秀而已。那天是经过特别安排，让人印象深刻，但所描绘的形象时常与学校的日常现实状况大有出入。记得在塞林格的《麦田里的守望者》中霍尔顿的沉思。霍尔顿指出他的学校每个星期六的晚餐都提供牛排。他确定这是因为家长在星期日来参观，所以当家长问孩子前一天晚上晚餐吃什么，孩子们会回答："牛排。"

今天有些学校甚至雇用媒体顾问去改善形象，希望吸引潜在的顾客。我的校长与良师益友梅赛德·桑托约（Mercedes Santoyo）听到这件事并且大笑。"任何一所会雇用公关的学校，"她沉思着，"一定是因为有'迫切的'需要。"

再次踏上旅途……但不要太快

带孩子旅行对完整的教育是必要的。让孩子接触校园以外的环境，无论是意味着到历史景点校外旅行，或参观大学让孩子熟悉申请程序，一个好的学校的都会做得很出色。父母亲需要确认他们的孩子在这些旅行中得到安全的监督。在多天的旅行计划中，学校时常雇用旅行社带孩子们到处走，帮助教师让事情容易处理些。这些单位应该像父母亲那样保持警戒，但事实常常并非如此。每年都有孩子在学校的旅行中受伤或死亡。我们无法解释上帝的行为，但是严格的监督管理能够避免许多悲剧。在选择一个计划校外旅行的学校时，必须有一天 24 小时都和孩子在一起的人。

许多预科学校为高年级生提供参观大学的旅行,这是一件很棒的事。顶尖的学生需要离开熟悉的区域,看看各种可能性。然而,一个旅行最好也不过就是教职员所能规划的那样而已。加州有一所知名的预科学校,他们在校刊上发布来年度春季大学旅行的信息,并且自吹自擂会带孩子们去参观的精英大学。当地的报纸也乐见年轻人发现很棒的学校,像史瓦摩(Swarthmore)与史密斯(Smith),孩子们似乎是前程似锦。

我以前的两个学生报名去参加这个旅行,他们回来时所描述的与校刊所报道的截然不同。报纸上的报道描述的旅行规划一丝不苟,有一群杰出的监护人照顾着年轻的学生。

根据孩子们的亲身经历,他们并没有被好好照顾。有一天早上,在芝加哥,他们4点起床去赶飞机到纽约,然后下飞机,仓促登上带他们去波基普西的巴士。那个旅行团已预约那天稍晚要参观瓦萨(Vassar)大学。孩子们都饿昏了——因为没吃早餐与午餐。他们向带团导游抱怨。那个导游回答说吃不重要,任何时间都可以吃,但参观这些大学才是他们这趟旅行的重点。

这些孩子饿了14个小时才吃到第一口饭。参观了瓦萨大学之后,他们又被赶上返回纽约市的巴士。到达之后,这些孩子们得自己去找晚饭吃,而且他们身边没有监护人,自己在这个号称大苹果的都市里乱逛。听起来叫人难以相信,但那是真的。让从未到过纽约市的学生自己在城市里乱逛,你认为这是一个好主意吗？

在参观将带孩子走上成功之路的学校时，确认你要问最重要的问题：谁会在乎我的孩子？这是最大的问题。

这趟草率的大学旅行是十分危险的例子。那位导游很幸运，最糟的结果不过是孩子挨饿而已。假如一所学校提出把旅行计划当做卖点，就应当保证行程的安全。任何好的学校都会有一系列有趣的行程，但是**最好的学校会超越这些行程，确保孩子们旅途中能安全地得到经验。**

谎言、大谎言与大学

私立中学与私立高中可能信任大学的校誉，但是这些大学却不一定名副其实，可能有些差距。父母亲与将上大学的孩子必须小心评估这些机构。这不像看《美国新闻与世界报道》（U. S. News & World Report）上最好的大学排行榜那样简单。小艺琳，进步神速的摄影师，有着最好的意见：靠近一点儿观察。

海伦是一位犹太学生。她很可爱，总是体贴他人的感觉，人缘极佳。她从小就没有父亲，要面对一般的家庭问题，但她从未失去自己的目标。海伦对许多大学而言是一块瑰宝，当她在选择一个好学校时有好多种选择，真令人羡慕。有一所东岸的大学最吸引她，因为它提供全额奖学金；除了优秀的教育外，还提供免费的住宿。

在一个像洛杉矶如此多元化的城市，当个少数族裔的学生,海伦从未觉得不舒服,但是她有点踌躇去一所离家三千里路远的学校,而且她还没亲自看看那所学校。在春假时,她飞到东岸,一群少数族裔的学生在机场接她。他们让海伦相信,那所学校的确表现出它在多元化上取得了很大的进展。身为有色人种,这个环境有助于让她觉得轻松自在。他们带着海伦参观校园(事实上,那校园在放假时几乎是空无一人的),她决定,那所学校会是个理想的选择。

然而,大一时,海伦发现了真相:带着她参观校园的孩子们是校园里惟一的少数族裔!她忍不住觉得自己被骗了,而且很难去适应。那是一段困难的调整期,入学第一年时她经常痛哭。尽管如此,她渡过了难关,并且荣誉地毕业。回头看,她有一个很好的大学经验,但是如果在一所不同的、更多元化的学校,她很可能会更快乐。当我飞去参加她的毕业典礼时,我问她要怎么找她。

"只要看看校园,"她说着大笑,"你不会找不到我的。"

先做侦探福尔摩斯,再装书包

先思而后行

回到《麦田里的守望者》,我们发现霍尔顿在警告我们有关预科学校的问题。他提及时常在一本杂志上看到的广告,推销着宾西预科学校的优秀:

他们在大约一千种杂志上刊登着广告,展示着当红人物骑着马跃过栅栏。好像你在宾西所做的就是一直在打马球。我在那儿附近甚至从未见过一匹马。而且在那张骑着马的那个人照片下面，总是写着："自从 1888 年起，我们把男孩塑造成杰出的、思想清楚的年轻人。"

这根本不是重点！宾西并没有比其他学校更具塑造力。而且我不知道在那儿有任何杰出、思想清楚的人。或许是有几人。假如真是如此，那他们来宾西之前就是那样了。

霍尔顿可能不是最客观的叙述者，但是要质问私立学校的形象与真实是否相符时，他击中一个问题。放置正确的工具在孩子的书包里会帮助他完成伟大的事情，但是也有助于送他到一所分享你的人生哲学的学校。留心霍尔顿的警告，为孩子选择一所非传统的学校时，这儿有一张该考虑的建议表：

● 假如学校只推销它的测验成绩，你可能要考虑寻找同样以其他成就而自豪的机构。

● 班级人数的问题。到班上坐下来看看你的孩子是否能获得个别的注意。

● 试着在不是校方为父母亲所规划的一天去参观学校。假如可能，最好不先告知，但要有礼貌。最好的学校每天都是最好的状况，不只是当他们知道访客在参观时。

● 在看由校方付费制作的简介与年度报告时，维持中立的评估观点。

- 在教师们中寻找资历深的。许多新的公办民营学校的教职员只有不到三或四年的资历。假如你需要动手术,你会选择第一年的外科医生,还是一个有着十年经验的外科医生? 最好学校的职员应由生手与专业人士共同组合。

- 从许多不同的来源收集学校的信息。跟校方谈谈,当然,也要找该校的家长与学生谈对该校的感觉。快乐的教师、学生与家长的组合,标志着你已找到一个特别的地方。

- 为大学做计划时,避免卷入只有名校才行的想法。不要把"最好的学院"排名名单当做是来自上帝的信息。制作那些名单的人不认识你的孩子。哈佛可能被认为是"最好的"大学,但是,对你的孩子,它是最合适的吗? 加州夫勒斯诺(Fresno State)州立大学可能是更好的选择。这应该视个别的学生而定。

- 参观学校时,试着在进行正常教学的时候去。许多校方安排的参观团时常在春假或暑假期间举行,学校并非以正常的方式在运作。

- 在正式参观大学时,有些事你会不断地听到。请确定学校能用事实来证明。

我们相信多元文化

环顾校园四周,看看事实是否如此。有时候你会听到导游高谈学生的多元化,但是在校园里走走,你就会发现并非如此。

校园里没什么兄弟会与女学生联谊会

找出事实，看看会不会牵涉到你的孩子。有些学生想要避开兄弟会，却发现他们所选的大学简直像是《动物屋》。

我们的校园是完全安全的

在参观校园的尾声，导游时常会谈到安全制度与校园的警卫。多数校园反映出那附近地区普遍的社会问题，但是假如一个校园是完全安全的，为何有保安措施？和你的孩子认真讨论这个严肃的问题。向行政主管要求犯罪的统计资料，并且和孩子讨论、评估他们的适应程度。

荣誉学生联谊会影片

父母想要和即将上大学的儿女一起观看关于高等教育的杰出影片，并非易事。大学生活有许多有趣的影片，但是大部分把焦点放在醉酒、怀孕、被捕上。像《重返校园》（Old School）这部影片是极可笑的，但是我们在这儿有个使命。引用 1978 年的经典《动物屋》（Animal House），你会大笑地忆起沃玛（Wormer）教务长对年轻的兄弟会入会者法德（Flounder）的忠告："如果你肥胖、酗酒又愚笨，是无法通过人生的考验的，孩子。"那可能是中肯之言。

在笑声消失后，希望我们的学生能喜爱一些着重于追求

166

优秀的影片。詹姆士·毕奇（James Bridge）时常被忽略的作品
1973 年的戏剧《追逐游戏》（The Paper Chase），是一部和孩子
一起观看的好影片。令人难忘的约翰·郝斯曼（John House-
man）饰演肯菲亚德教授，一个哈佛法律系教授。提摩西·巴
顿（Timothy Bottoms）饰演哈德，在爱情、研究、同伴的压力与
一位杰出教授欺压中幸存。在影片尾声，哈德赢得最终的胜
利：他发现了自我，并坚持自己的信念。但愿那是给所有希望
接受大学教育的孩子的理想目标。

〰️ ·〰️ 第八局结束 〰️· 〰️

道奇队有人上垒但是没能得分，而且仍然落后 2 分。红
雀队离开球场时，巨大的屏幕上发出尖锐刺耳声的驱动车声
音，逼着孩子们得紧紧地挤在一起才能彼此听见对方。话题
回到关于中学与未来的讨论。

比赛开始时，我们这一区几乎只剩下我们几个人了。不
过，在最后几局，卷入几位酒醉的粉丝的纠纷，让我有点不
悦。让我们面对现实：**在一个总是狭隘与卑鄙的世界中，要
去养育有荣誉心与正直的孩子是很困难的**。我必须要调整
一下心情，所以在暂停时，我探身去拿一直随身携带的公文
包。只要一有空闲时间，教师几乎都在改作业，甚至在棒球
赛的两局间歇都是如此。我不是批改孩子们写的《蝇王》
（The Lord of the Flies）的作文，而是拿出一封当天早晨我收
到的伊丽莎白寄来的信。她是我以前的学生，目前是常春藤

名校大四的学生。她在大学里苗壮成长，我很开心听到她表现很好。对正在奋斗的父母们，他们开始怀疑是否所有的努力与担心都付诸流水时，伊丽莎白信上所提到一些很好的鼓励。正如同伊丽莎白的提醒，这一切都很值得。

雷夫你好！

　　……终于到我大学最后的一年了，我真不敢相信！真是一条好长的路，但我过得很开心。假如没有你和芭芭拉从四年级起的支持，我就不会有今天。回想起我们的数学社、文学阅读、学术能力测验与体能训练，对我都有很大的帮助，虽然，在当时我只认为做那些事很好玩。如今我就要毕业了，即将展开自己的人生，我却有点儿害怕未来的一切。假如我没从你班上获得人生的训诫，从熟记一首吉他的曲子到环游世界的旅行，我可能已崩溃了。

　　我想现在我只是在追忆，但是想想看我们在一起做的每件事，我想要你知道每一件事对我都影响深远。

　　这封信正是我需要的良药。当我教了孩子一年，就不会介意将孩子带大 18 年了。去记住无法避免的挫折是很重要的，无须试着去和周围的人理论是桩灾难。**我不是完美的，你也不是。**但是，最重要的是持续关心孩子与父母。来自伊丽莎白的信就帮助我做到这一点。

　　我看着孩子，他们仍然在讨论下一年要选什么学校。我提醒他们无论就读哪一所学校，重点仍然在他们自己个人的健全。如马克·吐温说的："我从未让学校干预我的教育。"

孩子笑得好开心。我看着他们微笑的脸，并且想着或许再过13年，我又会收到另一封很棒的信。

第九局

长 期 备 战

红雀队继续领先,7:5。对我们来说这真是好漫长的一天。很难相信在 16 小时前我们还在教室补习数学。这些孩子一英里跑八分钟,打棒球,练习南美洲的地理知识,学习整数,阅读《杀死一只知更鸟》,研究军事行动,在雾气腾腾的桌上重现腐蚀现象,玩古典及摇滚乐,为莎士比亚节的表演彩排。在道奇棒球场的夜间球赛开始前,这些事都可能在白天的时间发生。

孩子们看着红雀队,我却看着他们。孩子们有点担心客队的领先,而且一路长红。而我则担心孩子们的未来。他们在学校系统中成长茁壮,**每一年都会有令人窒息的测验来决定他们的成功与失败。死记硬背,无聊的多重选择题替代了问题解决方案与如何下决定。人格教育几乎已经消失了。**我有点哀伤地想到王尔德(Oscar Wilde)的经典名句:"**我虽教导人们如何记忆,却从未教导他们如何成长。**"

我们需要帮助孩子成长。在接下来的岁月,还是有很多障碍与意想不到的困难。很幸运,这些孩子已经准备好面对这些挑战。他们接受过训练了解时间的重要,练习如何下决定、不自私、谦逊,不是电视迷,喜欢阅读,为自己订定高标准,聚精会神,专心致志。他们能够像莎士比亚在写诗一样地专心扫街。如果准备就绪代表一切,那么这些孩子已经装备齐全,准备上路了。

姑且不论所有精良的装备,成功总是磨砺着许多有能力的孩子。在他们的书包里总是还有空间塞下另一个工具,以帮助他们跃过障碍。

给孩子最好的礼物是能够理解迟来的喜悦。在快餐文化中,我们不断地加快速度,好变得更有效率。从速溶咖啡到三天减肥计划,孩子们身边围绕着太多诸如此类的事物,真的很难去理解要营造美好的东西需要时间与耐心。

上个星期,我到店里买一些桌上游戏,好让学生在一年一度的俄勒冈莎士比亚节之旅中玩耍。学生在旅馆中休息时喜欢玩这些东西。那都是些很常见的游戏,像拼字游戏就在清单上,但是要找大富翁游戏时我却忍不住哑然失笑——我竟然找不到原始的版本了。店里有几十种主题设计,从星际大战大富翁到比佛利山庄大富翁,就是没有简单老式的大富翁。最有趣的是在这些前卫的大富翁包装盒上的广告都强调着"超速"两个字,意思是玩家可以很快地玩完。传递这样的信息给孩子真是糟透了。有些事情就是需要时间。要完成原始的大富翁游戏可能需要多花一点时间,但比起很快玩完，变成赢家，应该更多了一点满足感。"过程"不是更有趣吗？游戏不是就要玩、而非只要赢吗？

～～～ 创造获得两个棉花糖的孩子 ～～～

许多书引用斯坦福大学教授华特·迈克有关控制冲动、延迟满足的精辟观察结论。有一个很好玩的故事可以和孩子们分享。一群四岁的孩子被带到房间里，然后给了他们每人一个棉花糖。指导者告诉他们，他会离开一下，但马上会回来。孩子们知道他们可以把棉花糖吃掉，但如果他们等到那个人回来，就可以多得一个棉花糖。

观察者可以通过单面的镜子观察这些小孩子的行动。有些孩子立刻抓起甜点，另外一些则一直等了 20 分钟，直到那个大人完成"差事"后回来。14 年后，一个延续性的研究调查发现，那些等待的孩子确实在大学入学考试中成绩较佳。此外，等待者显现出比较高的情绪智商，而这样的特质与成功幸福有关。向孩子描述这个实验很有效果，可以很快让他们明白，人生是漫长的过程，我们现在所做的一切对将来的结果会有极大的影响。我们要鼓励孩子做个"等待棉花糖"的孩子。

这是让人望而生畏的工作。我们心中对孩子的未来有所期许，但孩子们却不一定有相同的梦想。一个 10 岁的孩子不一定会有五年计划。他的生活经历还不够，还不懂得感恩岁月的痕迹。但是棉花糖的例子会播下一个种子，我们可以通过一连串的活动来滋养那颗种子,帮助一个年轻人了解如何控制自己的冲动,等待迟来的大量回馈。

第九局中场

然而,红雀队并不等人。他们在上半场追加保险分,领先全局,8:5。这激励了更多人往停车场挤去,在有如摩西带领人民穿越红海一般的人潮中挣扎着。周末假期开始了,大家都想在交通堵塞之前离开,好开始烤肉与派对活动。

我们留下来,孩子要学会如何开始就如何结束。就让交通或其他事件等待吧。留在球场,不急着离开,全都跟延迟满足的概念有关。此外,道奇队还有一个机会打成平手,或是赢得球赛。整个局势对他们不利,但是教导孩子的重点是在留到球赛结束,而非球赛本身的输赢。何况如果要离开还有其他的问题,到这个节骨眼上,就连大象也无法把这些孩子拖离他们的座位。他们完全融入现场的情境与战略中,到任何别的地方都比不上在这里的乐趣。凯萨希望道奇队打成平手,不要赢。根据他的理论,如果是平手就会多加一局,我们就可以等待更长的时间! 这就是个等待棉花糖的孩子!

第九局下半场

结果等到球赛最后成为一个绝佳的反机机会。几个道奇队王牌打击手出场击球,队伍重整,安打得分,稳住局面。红雀队在这一场中更换三次打击手,暂停了好几次。孩子们因此有机会看到车阵长龙朝停车场外驶去。很可惜,这些人错过了这场球赛中最精彩的部分。格雷厄姆·纳什(Graham Nash)写过电影《两小无猜》(Melody)里的一首歌:"教导你的孩子"(Teach Your Children),我就像他一样,很兴奋地看到孩子们能够"做自己",能够发展形成"他们可以仰赖终生的行为规范"。关于延迟满足的道理,以下是一些建议,可以帮助你在养育孩子时让他们能看到更辽阔的明天。

〜〜〜·〜〜·〜 在书包里的棉花糖 〜〜·〜〜〜·〜〜

长期备战

孩子们必须要知道,生活不是短距离冲刺,而是马拉松长程赛。最终,让孩子参与一项长程计划对他也有所帮助。在完成计划的过程中,年轻人可以慢慢成长,了解计划的过程,而非只是看到终点。就像歌手唐·亨利(Don Henley)所唱的:"谁能走完全程? 久了之后我们就会知道。"

迷惑但很好玩

拼图游戏(Jigsaw)已经在孩子的生活中逐渐消失。但是,如果能在卧室或家庭餐桌上看到这种游戏,总是很让人欣慰的。拼图游戏有各种不同层级的难度,适合小学的孩子,而高中的孩子也可以玩。困难的图形需要花上几个月的时间完成,在过程中需要整理碎片、规划与执行。还有更难的三度空间拼图游戏,有一些塑料泡碎片,可以组合成著名的建筑物,如美国国会山庄或埃菲尔铁塔。仔细选好拼图图案之后,开始做拼图的孩子就能与这些世界文物发生关联了,而且能促进专注力与耐心。如果是家人一起拼图,还可以引起话题,提供支持——通常 24 小时开着电视的家庭中缺乏这样的沟通机会。

有些拼图可教育孩子有关历史、艺术或运动的知识。有些挑战脑力的严谨拼图游戏组合的碎片将近有两千片之多。拼图游戏绝对能对抗比佛利山庄大富翁游戏,而且能带来更多的满足感。

鼓励孩子上钩

抱歉,这是句玩笑话。但是教导孩子延迟满足的另一个策略,牵涉到棉线手工艺,目前很少有孩子知道要如何动手做。打毛衣、缝纫这类的才艺已经消失了。在做这些困难的手工之前,不妨先做一个小挂毯,他们会觉得这是很好玩的活动,而且能培养他们的兴趣,从而期待难度更高的工作。

我们班是从迈克的手工艺品店买到这种小挂毯的材料,但所有的孩子都可以从网络上找到这种东西。要记住,做这种小挂毯并不是一种创作,初学者只是照着图案制作。但是这跟长程专注的工作有关,一针一线地完成工作,这也是斯坦福大学棉花糖研究报告觉得对孩子的成长很有帮助的重要技巧。十字绣有按规格剪裁的棉线,我们班级用小袋子区分几千种不同颜色的棉线。这样孩子在做帘子时就可以学会各种不同的颜色,一边玩乐一边学习组织整理。

事实上,孩子可以自己设计挂毯。他们可以自己画图或用计算机绘图来设计独一无二的图案。玩棉线最后可以发展成为打毛线和钩针编织等活动,所有活动都在鼓励孩子欣赏最后的成品。他们都很期待在最后的通道中看到一缕光线。(即使在看到曙光之前,他们需要缓慢地爬行过几千卷的棉线!)

教育的花园

许多学校与家庭已经和孩子一起规划花园了。这么做有很多理由。花园能教导孩子有关环境、养育、种植的知识,当然还有延迟满足的道理。我们的孩子成长在一个连大富翁游戏都要加速的年代,规划花园对他们来说是一个完美的计划。

几所大学已经研究出花园对孩子有积极正面的效果。种植东西有益于心灵上的疗效,而且能放松心情。孩子们白天的时间,大部分都待在教室里准备各种没完没了的测验。园艺工作可以让他们减压,又好玩又能学习到东西。额外的好处是花园能让孩子接触到大自然。对这批长期面对着电视的孩子来说,这已经是愈来愈稀有的经验了。给孩子一个完整的架构,能够让他们一点一滴地看到大自然的神奇演进,而花园正象征着在持续努力之下,**真正的美需要煞费苦心的等待才能诞生**。正当全球呼吁着"绿化"时,花园可以成为一种生活方式的开始。

花园也是与孩子的学校建立联系的最佳方式。第一流的教师很愿意和孩子一起种植花园,却发现孩子的时间不但受限,而且四分五裂,使得花园的计划根本无法实现。在父母的支持下,花园的架构才可能成真。如果家长只是三天捕鱼,两天晒网地帮忙,剩下老师一个人在努力工作,长期来说绝对达不到最好的效果。如果每个人都能参与,教育的花园就会愈来愈繁荣。

和"棉花糖"有关的书籍

比起二三十年前,圣埃克苏佩里(Antoine de Saint – Exupery)的巨著《小王子》(The Little Prince)已经没有多少学生在阅读了。我早期教的学生在五年级就已经读过这本书了。但是现在我提起这本书时,却没什么人听过。这是一本每个家庭都应该阅读的书,其中精彩的教训不论对成人或小孩都有帮助。

第二十三章有一个精彩的片段,激励孩子要耐心等待伟大的结果,而不要只抓住片刻的欢娱。小王子在沙漠中漫游时遇到一位商人。商人在贩卖一种药片,吃了就不会渴,结果让水这种饮品被淘汰了。一星期只要吃一颗药就行了。这商人还解释说,一个最新的研究显示,吃了这种药之后,一个人可以节省 53 分钟。

小王子思索了一下这个信息,然后沉思着:"如果我有

53 分钟自由自在的时间,我就会利用这个时间走到泉水边喝新鲜的水。"

太精彩了!

玩才是重点

每一年,56 号教室的学生都在表演难以诠释的莎士比亚剧集。有一个笑话说:这出戏跟你所想象的莎翁一点关系也没有。我喜爱莎士比亚的戏剧,但那只是一个工具,最重要的是我要教导学生获取什么样的信息。我是莎翁剧迷,所以他的剧本就是我可以使用的最好工具。但如果是长程计划,莎剧也有同样的效果。

彩排就是跟延迟满足感有关的策略。孩子们花了一整年时间规划这出戏,而一切都经过精心设计。基本上可以不用花这么长的时间,但彩排时间的安排却经过刻意地规划,好让孩子体验成长的过程,了解最后的结果绝对比不上开场之前几千次的排练。在公开演出之前,56 号教室的学生总共花了五万五千个小时排练预演。我一点也不夸张。在教室花了一些时间,在家练习台词与演奏乐器又花了些时间,整个加起来就是能吓昏人的数字。

孩子喜欢排演莎剧,但他们真正的快乐来自随时间过去,他们的表现日益进步,而且在这么做时还可以和同学作伴。他们从 7 月开始,先蹒跚地学习今年选定剧集的摘要。接着几个月的时间都花在听 CD、看他们要演出剧集的电影版本上。最后,选定角色,接着是乐器,密集的编舞课程,背景及声光效果设计。每一天都跟前一天不同,每一次的排练都比前一次有进步。在 90 分钟的剧集中,孩子们看到了彼此的成长。

最重要的是学习如何延迟满足感。在公众面前演出之后,聪明的孩子学到了在等待响应时的快乐。突然间,天堂乐土不是遥不可及的梦想,而是就在当下。

在一个讲求速效的年代,老师与家长可能会考虑如何减慢速度。花一点额外时间在家里做一个计划,演出一出戏,准备音乐会,或是为学校画壁画。让孩子参与活动,最后的收获是当初意想不到的。坦白说,我们都在寻找快速的成果,好让自己感觉良好。测验结果与成绩单就是如此。问题在于当孩子离开我们的教室或家庭时,是否能长期达到成功。如果父母能够忍耐一下,不要急着享受快感,也教导孩子延迟满足感,那么彩虹尽头的一桶黄金就不再只是神话了。

球赛结束

这是精彩的一局,道奇队几乎要成功了。但最后他们还是输了,8:6,满垒结束。在这个星期五晚上,红雀队的表现也只是好一点点而已。离开球场时,他们为两队加油喝彩。

我希望在这次球赛中所学到的教训,能够在孩子们心中保留长长久久。**这世界上并没有所谓的绝对成功,但是如果我们每天勤恳努力,我们就能帮助年轻人避免这个世界所鼓吹的愚**

蠢状态。也难怪世上有成千上万的人告诉我,他们知道该怎么做才是对的,也准备打这成功的一仗。每个养育孩子的人都知道,**一个孩子能超越自己,接受挑战,便能摆脱平庸**。

我的学生很幸运能遇到这样的人,其中有些人曾坐在又小又破的 56 号教室里,却能从那儿飞升到更高点。今天,许多受到鼓励的学生变成家中第一个大学毕业生,成为环境科学家、医生与新闻记者。这些与众不同的学生还是常常回到56 号教室,开始帮助其他年轻的孩子追随他们的步伐。

很幸运,有一位这样的年轻女性乔安在申请大学时写了一篇散文,关于孩提时代到西北大学的心路历程。在这篇年轻的生命故事中,小孩子可以看到未来有什么样的可能性在等着他。就像那篇文章所说的,乔安现在在读音乐博士学位,但文章中从没提到过测验成绩或分数。相反,她选择专注在重要的事情上。她写了许多温馨有趣的回忆,但总结来说,她在 56 号教室所学到最重要的事是：

我被引导要去思考。

我被挑战要摆脱平庸。

而我照着做了。

时间会告诉我们,我们的孩子是否接受了挑战。但是,只要我们为他们付出了时间,我们就掌握了时间。

赛后秀

扔海星

大约晚上 11 点,孩子们依次进入房车,我们开车回家。坦白说,我很想好好睡一觉,然后休几天假。

虽然大多数人都已经离去,但还是花了相当长的时间才把所有孩子送回家。房车的收音机正在闲聊着道奇赛后的八卦,听到沮丧的球迷们粗暴地责骂经理、球员,或把今晚的输球怪罪到任何他们想得到的对象,孩子们笑得人仰马翻。

最后一个送到家的是正旭,我们的小教授。我看着他的身影消失在那栋老旧的建筑物里,然后朝他妈妈挥挥手。她在窗边,脸上带着感激的微笑。

我们学校就在两条街之外,我想起我留了一些东西在教室里。那是我自己的错。彩排完毕后,我急着把学生赶出教室,还要担心那个被留在后面的小男孩山姆是否安然无恙地离开学校。因为忙着这些事,我忘了把学生的作文带回家了,而我答应要在星期二还给他们的。要在这时候回学校真痛苦,但是**既然已经答应了,就要遵守承诺**。

困倦不已地打了个哈欠,我想到了扔海星的故事。这是个传说,一个男人站在海边,身边围绕着几千只被海浪冲上岸的海星,全都干燥脱水了。这人捡起海星,一个一个地扔回大海里。一个孩子经过,对他的做法很困惑。

孩子:你到底在做什么呀?

男人:我想要救他们一命。他们快死了。

孩子:(明白这样做是徒劳无功的)你救不了几个的!

男人:(又拿起一个扔到海里)是呀!但是我能救活这一个。

我希望我已经扔了几个海星到大海中了。

我们学校已经上锁,而且每天晚上 11 点会开警铃。强纳森是我们的夜间警卫,尽忠职守,好让我们返校时能一切准备妥当。感谢最亲爱的校长信任我,给我学校的钥匙与警铃的密码。那需要花几分钟,不过在进 56 号教室之前,我有足够的时间进学校关警铃。我得打电话给校警室,通知他们我到学校了,而且答应等我重新设定警铃离开时会再通知他们。真的很麻烦,但是至少星期二早上学生会很高兴看到他们的作文还回来了。

我登上阶梯,朝 56 号教室走去,四周漆黑一片,然后我被某个东西吓了一跳!在黑暗无边的下方冒出了声音:

山姆:雷夫!

雷夫:老天!山姆!你吓死我了!

山姆:嗨,雷夫!

雷夫:为什么你会在这里?已经半夜了!

山姆:我妈没有来!

雷夫:那你没有给她打电话吗?总有人可以帮你忙吧?

山姆:没关系。我知道你会回来的。我刚读了一点书。

从室外的操场,最低层的阶梯就可以直接上56号教室。山姆找了一个操场里昏暗灯光附近的凉椅坐着。在这六小时当中,他都在读"二战"巴顿将军与蒙哥马利将军在意大利的战争。

雷夫:不过,山姆,幸好我回来了。否则你会整个晚上都被关在这里的。

山姆:但是你真的回来了呀!

雷夫:这只是运气好!

山姆:但是你回来了!

雷夫:(没力气争执了)我带你回家吧!

山姆:你知道我家住得很远,带我回家要花很长的时间。

雷夫:没关系!你肚子饿吗?

山姆:一点点。

雷夫:在回家路上找点吃的给你。用我的手机打电话给妈妈，她一定担心死了。

山姆：(上车)你明天有课吗？

雷夫：没有，山姆。这是周末连续假期。

山姆：那你可以带我去城里的图书馆吗？我想多读一点有关蒙哥马利的故事。我认为《巴顿将军》(Patton)这部电影对他不公平。

雷夫：为什么不去离你家比较近的图书馆呢？

山姆：那里的书我全部读完了。城里的图书馆比较棒。对了，雷夫……

雷夫：怎么了？

山姆：因为星期一放假，或许我们可以去军人公墓。我们可以在坟墓上铺一面国旗。你觉得怎么样？

我微笑了。他是另一只海星。

附 录

雷夫老师的推荐书单

中文版：

1.《一九八四》(1984)，乔治·奥威尔

2.《圣诞颂歌》(A Christmas Carol)，狄更斯

3.《独自和解》(A Separate Peace)，约翰·诺尔斯

4.《爱丽丝梦游仙境》(Alice in Wonderland)，路易斯·卡洛尔

5.《动物庄园》(Animal Farm)，乔治·奥威尔

6.《皆大欢喜》(As You Like It)，威廉·莎士比亚

7.《推销员之死》(Death of a Salesman)，亚瑟·米勒

8.《华氏451度》(Fahrenheit 451)，雷·布莱伯利

9.《孤星血泪》(Great Expectation)，狄更斯

10.《哈姆雷特》(Hamlet)，威廉·莎士比亚

11.《亨利四世》(Henry IV)，威廉·莎士比亚

12.《雾都孤儿》(Oliver Twist)，狄更斯

13.《罗密欧与朱丽叶》(Romeo and Juliet)，威廉·莎

士比亚

14.《哈克贝里·芬历险记》（The Adventures of Huckleberry Finn），马克·吐温

15.《汤姆·索亚历险记》（The Adventures of Tom Sawyer），马克·吐温

16.《麦田里的守望者》（The Catcher in the Rye），塞林格

17.《纳尼亚传奇》（The Chronicles of Narnia），C·S·路易斯

18.《安妮日记》（The Diary of a Young Girl），安妮·弗兰克

19.《爱心树》（The Giving Tree），谢尔·希尔弗斯坦

20.《杀死一只知更鸟》（To Kill a Mockingbird），哈波·李

21.《小王子》（The Little Prince），圣埃克苏佩里

22.《蝇王》（The Lord of the Flies），威廉·高汀

23.《魔戒》（The lord of the Rings），托尔金

24.《威尼斯商人》（The Merchant of Venice），威廉·莎士比亚

25.《时间机器》（The Time Machine），H·G·威尔斯

26.《威斯汀的游戏》（The Westing Game），埃伦·拉斯金

原文书：

1. Even Higher by Richard Ungar

2. Every Graet Chess player Was Once a Beginner by Brian Byfield

3. Oh, the Places You'll go！By Seuss, Dr.

4. Our Town by Thornton Wilder

5. The Autobiography of Malcom by Alex Haley

6. The Wretched Stone by Chris Van Allsburg

7. Wait Till Next Year by Goodwin ,Doris Kearns

雷夫老师推荐影片

1.《愤怒的葡萄》(The Grapes of Wrath)1940 年

2.《北非谍影》(Casablanca), 1942 年

3.《生活多美好》(It's a Wonderful Life), 1946 年

4.《彗星美人》(All About Eva), 1950 年

5.《七武士 》(Seven Samurai),1954 年

6.《十二怒汉 》(12 Angry Men),1957 年

7.《向上帝挑战》(Inherit the Wind)1960 年

8.《豪勇七蛟龙 》(The Magnificent Seven),1960 年

9.《流浪汉 》(Lilies of the Field),1963 年

10.《音乐之声》(The Soud of Music),1965 年

11.《殉情记》(Romeo and Juliet), 1968 年

12.《巴顿将军》(Patton)1970 年

13.《两小无猜》(Melody), 1971 年

14.《荧光幕后》(Network), 1976 年

15.《星球大战》(Star Wars), 1977 年

16.《动物屋》(Animal House), 1978 年

17.《星球大怒吼》(The Wrath of Khan), 1982 年

18.《太空先锋》（The Right Stuff），1983 年

19.《阿玛迪斯》（Amadeus），1984 年

20.《小子难缠》（The Karate Kid），1984 年

21.《落难见真情》（Planes，Trains and Automobiles），1987 年

22.《华尔街》（Wall Street），1987 年

23.《偷天情缘》（Groundhog Day），1993 年

24.《天生小棋王》（Searching for Bobby Fischer），1993 年

25.《益智游戏》（Quiz Show），1994 年

26.《拯救大兵瑞恩》（Save Private Ryan），1998 年

27.《心灵投手》（The Rookie），2002 年

28.《时光机器》（The Time Machine），2002 年翻拍版本

29.《谍网迷魂》（The Manchurian Candidate），2004 年翻拍版本

第 56 号教室的奇迹（全四册）

入选中国小学图书馆基本书目

荣获"影响教师的好书推荐奖"

各地教育局、重点学校团购第一书

全美最佳教师三十多年教学生涯总结

感动全球上亿教师和家长的人生成长课

爱与智慧的告白，点燃孩子的学习热情，见证教育的奇迹和荣光